# じじいは蜜の味

財津和夫
Zaitsu Kazuo

中央公論新社

# CONTENTS

jijii wa mitsu no aji

# じじぃは蜜の味

# じじぃだけが知っている

# 年寄りは怪しい　その一

「おかあさん、ボクはどげんして生まれたと？」

幼い私が母に尋ねた言葉が懐かしい。

「あんたはね、衣にくるまれて木の枝と枝の間に居たとよ」

――えっ？　一番上の兄は鳥が運んできて、すぐ上の兄は川を流れてきたのに私はただ木の上!?　静止画像のような私に比べると動画の兄たちが羨ましかった。

あれから何年も経《た》った。私の出生背景を捏造した母は随分前に亡くなり、私は中期高齢者となり、今の子供は皆、お母さんのお腹から出てきたことを知っている。月にうさぎが居るなんて言ったら子供たちに馬鹿にされるだろう。スマホはちゃんと操作できない、人の名前は憶えられない、病気自慢をしたがる、夜中にトイレに起きる、ひとつ歳とるのが早い早い、等、年寄りらしさは豊富に揃《そろ》えた今日此の頃の私である。

若い頃は年寄りになることが恐かった。どう予想しても不幸しか見えなかった。暑い日に喉を潤すための冷水がぶ飲みができなくなること、走れなくなること、時代についてゆけないこと、若者に忌み嫌われること、恋ができなくなることなどを想像すると、生きている喜びはないのではと思えたのだ。しかし、実際年寄りになってみると予想は違った形で裏切られた。予想そのものである表象事実は当たっているのだが、その裏に当然付いてくるはずの〝惨めな思い〟が見当たらないのだ。生きる喜びがなくなるはずだったのに、むしろ生きる喜びを知り味わうことになった自分が居る。現場、際《きわ》、に来て初めてわかるとはこのことだ。あらゆることが若い人のようにできなくても、できないこと自体に苦しみはない。鈍感になればそれなりの次元で生きてゆけるのだ。ときめく幸せはないかもしれないが、小さな幸せはある。そして比例して不幸感も小さいことが嬉《うれ》しい。

私が若い頃可哀想《かわいそう》だと思って眺めていた年寄りたち、実は憐れみなど要らなかったのだ。悲哀感を漂わせていたのは動きが鈍いからで、気分はむしろ快々だったのだ。ずるいのは、そんなことを伝えない年寄りたちの頭の中だ。でも私も若者には弱者を装うことにする。

## 年寄りは怪しい　その二

前回で年寄りは自分たちしか味わえない快楽を隠しながら生きているといった旨を話した。人の顔をした吸血鬼と言えば大袈裟だが、実際年寄りの私が思うのは、人間はある年寄り年齢から変態をするのではないかということ。社会的責任から外れ、身体《からだ》が少しずつ不自由になれば、〝死〟という大変化以外、将来に何の変化も期待できないから泰然とするしかない。若者の発言には阿呆らしいとか可愛らしいとか思うし、幼い子を見れば、これからの長い道程が待つだろう彼の人生を想像すると、自分はもう人生を歩かなくてよいのだとの安心から彼のことが手放しで愛おしく思える。責任からの解放感か。

そんな日々を過ごしていれば人間は内部から何かが変わり始めるはずだ。

我々（これからは年寄りのことを我々と呼ぶ＝この心理も人間決別宣言のひとつだといえる）は多くの神経が死に、痛みをあまり感じない。痛点が減少している。魚のようになったのだろうか。義務も減少したので強迫観念もなくなる。体力がないのであらゆることに対し、希望しない、期待しない。

すると、諦観と恥がどういう関係にあるか知らないが妙に羞恥心も減少する。無知を悟られても口惜しくないから誰にでも道を尋ねるし、嫌われて当然だと買い物先やレストランで働く若い女性にふと頭に浮かんだことを脈絡なく語りかけることができる。

ひと言で我々を表すと、〝開き直り〟、〝地球への復讐者〟、〝人当たりのよいゾンビ〟、というところか――三語になったが。

これらの実感から、年寄りは私の知る生き物ではない。

でもそれがかつては同じ肉体だったのなら、それはサナギから蝶へ変わるように変態したのだ。あるいはそもそも寄生していたあるモノが年寄りになったときに強く表象化したのだろう。

とにかく、我々は肉体は老いているが心は躍っている。

変態した喜びを胸から溢れさせんばかりに生きている。年寄りは弱者だが惨めではない。強がりでなく実感としてそう思う。

若者には滑稽に映る我々の言動だが、我々はかなり真剣なのだ。

## 年寄りは怪しい　その三

〝年寄りになるとわがままになる〟よく言われる言葉だ。

なぜわがままになるのだろう。若い頃、世間の荒波を受けながらも耐えに耐えたストレスのせいか？　我慢の結果ならよしとしよう。むしろ、よく今日まで頑張ったね、と言ってあげたいくらいだ。

犬猫、花、草木などを好きになるとも言われる。

確かにそうだ。私も長い間人間をやってきたから、今は人間じゃない生命体が新鮮で愛おしい。そしてさらに歳をとると岩石を憧れるように好きになるそうだ。岩石から受ける印象は〝悠久〟、〝静謐《せいひつ》〟、〝不動〟、〝確固〟、〝硬質〟など。男性である私はそう感じるが、女性はどうだろう。若くても歳とっても、いや、そもそも岩石に興味はないのかもしれない。やはり宝石だろうか。

年寄りには残された未来が少ないので、どうしても過去の方に気持ちが向く。「あの頃はよかった」というやつだ。時代の進歩についてゆけないと知ると、置いてけぼりが恐くなってなんとか世間と繫《つな》がる法を考え始める。若い世代を批判することで対等な存在感を得ようという訳である。

これは負け犬の遠吠え、負け惜しみの台詞であることは間違いない。なぜって、現在より過去の世の中の方がよかったかどうかなんてどうやって証明すればいいのかわかるはずもない。個人的な感想だから独り言のように言えばいいのに、年寄りは悟ったように公言する。

世の中はどんどん便利になってゆくものだ。でも年寄りはスマホについてゆけないから便利がゆき過ぎだと言う。

個人的には「あの頃はよかった」をプラカードにした年寄りのデモ行進が観《み》てみたい。私も参列しているかもしれない。私の参加動機は健康のためとデモというものを一度は体験してみたいからだ。

とにかく年寄りの心の中にある、いわば〝あの頃観た山の頂上からの世の中〟が彼にとって一番の美しい風景であり正しい風景ということなのだ。彼がその風景を凌ぐほどの美しく正しい風景に出会うことは恐らくもうないだろう。

そしてこの世を去るその日まで〝あの頃〟を信じているはずである。

年寄りになると平和を切望するようになってくる。肉体が衰え、闘争心が消えるからだ。

皮肉な話だ。でもこの感覚は案外居心地がよい。
力のない生き物には平和は心地よいものだ。

# 年寄りは怪しい　その四

幼い頃に体験したことは心に深く刻まれている。

――そう世間では言われているし、私もつくづくそう感じている。

でもそれは、年を重ねるごとに少しずつ減るように消えてゆくものだとも予想していた。時の経過に比例して、年寄り独特のほのぼのとした世界が生まれ、まるで別人になったかのように残りの人生を過ごせるのでは、とも。

否《いな》である。充分年をとった私が此の頃よく思うのは、年を追うごとに幼児体験が鮮明に大きくなっていき、予想とは真反対の感覚が待っていた、ということだ。

肉体が衰え仕事も楽にしようとすると、少し心と時間に余裕が生まれる。この余裕が曲者である。陽だまりにぼうっとしていると、太陽が映し出す草、木、土などがまるで語りかけるように私の眼に飛び込んでくる。そこに風が加わるとさらにドラマ性は高まる。それらの映像は殆《ほとん》どが幼い時体験したと思われる光景の一片だ。

そこで、一片だけじゃなく全体像が観たいと念じて摑もうとするが、何せ感覚的な世界だから網で水をすくうように難しい。でも、ほんの一部でも幼い頃の自分と出会えることがどこか嬉しいのだ。こんな体験が増えている。

ところで、これと関係した話なのかどうかわからないが、人は脳の全部を使っていないといわれている。対して脳以外は使用率一〇〇％（？）なので衰えてゆくしかないが、脳は使用していなかった新しい野を新生児のように使い始めることが可能である？　と。しかも年寄りにならないとこの機能は生まれない？　それなら、体力は若者に負けるが、新生脳の出番は年寄りの武器になるのかも。これは、長生きせよとの神様のメッセージなのかもしれない。

幼い頃はまだ理性がないもの。感性だけで情報を得ていたはず。

若い頃はそれらがフィードバックする度に嫌悪を覚えたが、此の頃はむしろ心地よい。ワクワクとして血湧き肉躍る気分だ。それはまるでＳＦのように時空を超えてやってくる。懐かしさと新しさを混在させた奇妙な絵画をすこぶる心地よく観るようだ。それが観る者の新しい生命力になるなら、絵画の別名が芸術だとは得心がゆく。

## 俳句は面白い

伝えたい世界を無駄なワードを切り捨て一七文字に。五・七・五文字で表す俳句。面白く感じるのは字数が限られているせいだろう。時間を定めて闘うサッカーやボクシングを飽きさせないのはやはり制限だ。相撲だって土俵から出たら負け。俵際での攻防にハラハラさせられる。伝えたい世界を無駄なワードを切り捨て一七文字に収める訳だから、かなり緊張感が迸《ほとばし》る。でも時々その緊張感を意図的に崩して字余りのよさで唸らせる作品もある。
〈山寺や　石あって段あって　つつじ咲く〉　正岡子規
一七文字の予備的緊張をかわすように意外性で驚かせる。石段が古く歪《いびつ》で、歩く人がリズムを崩す様が文字通り眼に浮かぶ。字余り技法は音楽なら変拍子か。でもそこには高難度の必然性が求められる。偶然はみ出た、ではカッコ悪い。ともあれ、一七文字という制限を巧みに操ればゲーム性の快感も相まって俳句作りは興味深い。
〈五月雨《さみだれ》を　集めて早し　最上川〉

は松尾芭蕉の句。読者は一瞬で最上川に連れていかれ、急流を覗き込みドキドキさせられる。これこそが俳句の妙だ！　と誰もが感じる名作だ。一方その後、この同じ最上川について与謝蕪村は
〈五月雨や　大河を前に　家二軒〉
と詠んだ。感性の違いにびっくりだが、蕪村は芭蕉を敬愛していたというから二度驚かされる。芭蕉の代表作の殆どは情緒、叙情、主観的であるのに対し、蕪村は風景画や静物画を叙事的に、客観的に示すだけである。ほんとに芭蕉を敬愛していたのだろうか。芭蕉より約七〇年ほど遅れて世に出た蕪村だから、新しい時代の俳句を狙っていたはずだし、同じ題材である最上川に立てば芭蕉の先の句が浮かばないはずはない。〝芭蕉がそう詠むなら私はこうだ！〟と闘いを挑んだのでは、と勘繰ってしまう。
〈夏草や　兵《つわもの》どもが　夢の跡〉　松尾芭蕉
〈菜の花や　月は東に　日は西に〉　与謝蕪村
あまりにも二人は違い過ぎる。

## お茶は飲まな

冷やしてならそうとも言えないが、緑茶はガラスの器では美味しくいただけない。さらに磁器より陶器がいい。ところが神社詣での後の緑茶は白磁器がいい。なぜかはわからない。神社での畏《かしこ》まった感じが磁器にもあるのかもしれない。

紅茶は磁器がいい。陶器は内側まで色の付いたものが多く、紅茶は文字通り色付きだから、器の内側だけでも白いほうが茶の色が引き立つ。白磁に対してイギリスでは牛の骨を使って白味を出したらしい（ボーン・チャイナ）。紅茶といえばイギリスと言われるゆえんなのだな。それでも中国の青白いものよりやや暖色の白磁らしい。

緑茶も文字通り色付きだから白がいいはずなのに、陶器でいただくときはなぜか内側まで土色でも草色でも余程ケバい色でなければ平気だ。私の思いつきの理由だが、茶の色が白を背景にしたときより曖昧になることでどこか安心するのではないだろうか。茶が茶碗のなかで存在感を消したかのように判然としない。混然一体となって背景に主体の方が溶け込む（忍者の術にもある）。

濁っているから客観的正解が生まれることはないよね〜と「お茶を濁す」をよく喩《たと》えに出したがる日本人の真骨頂。どちらつかずでニュートラル作戦が得意の私たち。そうか、だから色付き陶器でのほうが安心なのだ。そして神社詣でした後の神に力をもらった気分が、硬質で気高く凛《りん》とした白磁器で緑茶を私に飲ませているのかもと大きく納得。

読者は既にお気付きだと思うが、私だってここまでの話には誰かに伝えたくなるほどの特別感がないことは知っております（小笑）。ただ、「お茶する時間」が私の人生にこんなにたくさん必要になってくるとは若い頃は想像できなかったからお茶の魅力について何かしら喋《しゃべ》ってみたかったのです。


そう、世の中に夥《おびただ》しい数のカフェがありますよね。もちろん閉店もあるでしょうが、ほぼほぼ継続しています。それだけ人々が足シゲくカフェに通っているということです。たかがお茶だけど、高齢者には金銭の次くらいに必要かと思えるものなのです。金銭の次くらいだから愛よりも重要度は上に在位しているかも。想像してくださいお茶のない世界を（イマジン）。牛乳や葡萄がないというのにも匹敵するくらい大変ですよね。

珈琲《コーヒー》、紅茶、緑茶が主に日本人に愛飲されているけど、世界中で多種多様のお茶が飲まれています。お茶タイムを求める人々の恐らく全てが私と同じ動機で、お茶する間も同じ感覚で、飲んだ後も同じ感想を抱いているはずです。だとすれば、なんと素晴らしい繋がり！　やはり「愛」より「お茶」のほうが高齢者向きかも。

# ハナミズキ

年齢を重ねるごとに植物への興味が増してきた。桜の旬が終わるとハナミズキが咲く。今年はなぜか桜よりハナミズキを眺めたくなる自分に気付いた。桜のよさは言わずもがな、万人に愛されていることで明らかだ。満開になると周辺の見慣れた景色まで変えてしまうのが凄い。まるで両手を力いっぱい拡げた人のように青空の下で健康そのもの。ピンクという色を選んだ桜の判断は大正解、前向きで大らかで優しく、病気しらずの人肌のようだ。

これがもし黒っぽい色だったら誰も花見など思いつかなかっただろう。満開に近づくにつれ暗雲が垂れ拡がるようでは酒宴も楽しくない。

これから暖かくなるよ、と言いたげな希望の色を見せてくれてこそ桜は心まで冬から春にしてくれる。そしてなんと煽情的である。年寄りにまで恋をしなさいと歌ってくれる。

冬の間の姿からはこの木が溢れんばかりの花で私たちに夢を咲かせてくれるとは想像できない。なかでも大きく黒いものはただの老木にしか映らないが、そのギャップも手伝ってこの花の爆発的魅力なのだろう。

――と言いつつ、今年は桜を仰いでも「凄いな、綺麗だ」としか思わなかった。例年なら「凄いなぁ～ああ～あ！　この世も悪くないよなぁ」と元気をもらったものだが、いつの頃か桜は夜になると照明を受けて賑わいの真ん中にいることが多くなった。なんだかクリスマスに着せられる電飾を連想して、観ているのが桜なのか照明なのかわからなくなる。

夜桜と呼ぶその由来は知らないが、月明かりとか提灯、街燈などに浮き上がった様をさす語じゃなかったのかな？　かつては月も人の生活灯も桜を映すためじゃないから、二次的に桜が夜に浮かんだはず。桜は桜、人は人、でもお互いの営みのはずみで生まれた関連性のひとつが夜桜と呼ばれたのでは？　いや、そうであって欲しい。いちいち屁理屈つけてモノ申す私はホント面倒臭いヤツですが、つい桜の気持ちになってしまうのです。

だから桜には「人のためというより人と共に咲いているつもりなのにぃ～」と発言してもらいたい。でも喋らないから桜のほんとの気持ちはわからない。スポットライトに浮かんで夜桜と呼ばれ、若い男女のはしゃぐ声に「カリスマはオレ様だ」と呟《つぶや》いているのかもしれない。

だとしたらやっぱり、桜の宴の後に姿をみせるハナミズキを来年も眺めることにしよう、桜ほど溢れず、桜ほど煽らず、桜ほど人は群がることはないけど、じじぃの侘《わび》しい心に寄り添うように咲いてくれるのだから。

## 心地よさって何だろう

屋外に居て心地よいと感じると嬉しい。日本では春と秋にそれが味わえるが、ほんの数日のこと。庭でお茶時間がもてるようにと庭に張り出した床を作ったが一年間で三日しか心地よさを味わえなかった、と知人が嘆いていた。

暖かくなったからとお茶を手に張り出し床に座っていると蚊にさされ、隣家の視線が近くて、こちらの珈琲をすする音にも肩身の狭い思いをしたらしい。悲しいかな日本では、窓を開けていると独り言でも隣家に届いてしまうから仕方のないところ。

欧米の映画を観ると台所から続いたような庭にテーブルと椅子があり、そこでの朝食や昼食がとても美味しそう。そよ風や緑も味覚に加わり、やがてトレイを持つ笑顔の女性が白い歯とともに珈琲の香りを運んでくる。

またある時はそこにギャングの大ボスが座っている。部下が仕事の報告にやってくる。大ボスは開いた襟から下がるナプキンを外そうともせず情報を聞くと、世間一般ではあまり知られていない譬《たと》え話から始まって新しい指令が部下に伝えられることになる。よく見るシーンだ。でもなぜ広く知られた譬え話ではないかというと、映画だからだ。脚本家が知恵を絞って考え出したくらいの鮮度がないと、大ボスが何を言おうとしているのかが観客にネタばれになって、面白くないのだ。部下にとっても周知の譬え話では報告→指令においてのインパクトを欠き、指令どころか、大ボスを馬鹿にしかねない。うさぎと亀の譬えなどを大ボスが語ったりしたら観客も部下も「言いたいことはもうわかってるから早く喋り終えろ！」てなもんだ。


映画といえば、映画館で観なくなったなあ。

宅配便のように作品が配信で届けられるし、映像もキレイだからなのだが、気になることもある。ドラマはエピソードなんちゃらで長丁場だから映画にしようと選ぶのだが、観ていて変だと感じることが多い。確信はないが、肩書は映画でも、そもそも長丁場のドラマを映画用にするため短く編集したのだと推理した——まるで陰謀にメスを入れたかのように私は今語っているが、製作側はこのことを隠している訳でもないかも。ひょっとして吠《ほ》えているのは私だけで、既に周知なのかもしれない（笑）。

映画やドラマは一瞬で時空を超えて私たちをその場へ運んでくれる。また、独り住まい、家族の喧騒《けんそう》から逃れたいなど、誰かに繋がりたいとき、逆に独りになりたいときもそばに居て寄り添ってくれる。そして製作チームが何日もかけコツコツ長時間を費やして完成させた作品を二時間程で手に入れられるなんて、贅沢《ぜいたく》の極みだ。映画は自分が魔法使いにでもなったかのような気分にさせてくれる。

# じじぃの冷や水

# 珈琲専門店にて

とある珈琲専門店での話。

その店〝A〟は駅の地下街にある。そのせいもあって客も多い。いつ訪ねても人の気配で活気に満ちている。珈琲は当然、ケーキも美味しい。

ひと息吐こうと立ち寄った。少し店内の様子が違う。カウンター席は変わらないのだが、テーブル席のレイアウトが変わっている。新鮮な気持ちになった。

店によっては時代が変わっても頑なに変化を求めないところもある。珈琲専門店は、珈琲の匂いの染み付いた家具、調度品、柱、カウンター材などを味わわせるように演出されている。時間の経過による風合いが店内のそこかしこに漂っている。

そして、珈琲を淹れる人にもそれは漂っている。いや、漂っていなければならない。若いバイト風な人が珈琲を点《た》ててはいけない。ましてやヤンキーみたいな見てくれでは珈琲の味がしないと言っても過言ではない。味覚は視覚だ、とはよく言われる。特に珈琲、紅茶、緑茶など、気分転換のために摂る飲み物は環境が大切。店と客の趣味の一致が美味しさを担保するのだ。だからカウンターの中の人は、立ち姿はバーテンダーのように凛々しく、ドリップポットを持つ指先は職人のように繊細で、眼は苦行を経た仙人のように虚空を見ていなければならない。「へい、いらっしゃい！」などと客に言うなど以ての外である。

客も心得たもので、読書する人、小声で会話するカップル、腕組みして瞑想している（眠っているのかも）人など、皆がそれぞれ店のオブジェのように溶け込んでいる。珈琲の味というものの奥深さを改めて思わされる世界だ。

その店〝A〟はそんな茶室のようなとは言わないが、でも珈琲専門店である。のんびりしたかった。ところが、「テーブル席の利用時間は一時間です」と言われて驚いた。そして注文が済むと、「ごゆっくりどうぞ」と言われてさらに驚いた。

# 駅はホントうるさい

とある大都市の新幹線ホームへ向かうエスカレーターに乗った。三〜四人がそれぞれの言いたいことを同時にアナウンスしている。よく聴くと、ますます聴きとれない。場所と状況からして、乗客に注意を喚起していることは間違いないようだ。

ここには六つのホームがある。エスカレーターも応じて相当数ある。それらがエスカレーターの乗り方を教えるように間断なく（ほんとに二秒も休んでいない）喋るから蜂の巣をつついたようなのだ。そして各ホームからの列車発着アナウンス（ハブ駅だから発着の数はハンパない）が加わるから、戦場で蜂の巣をつついたようなのだ。

加えて到着団体客のはしゃいだ声、声、声とすれ違ったとき、私の頭のなかは戦場で蜂の巣をつついて洗濯機を回し掃除機をかけながらテレビはワイドショーを、もう一台のテレビは「のど自慢」をつけっぱなしにしているようになった。

私が若くないせいなのか？　若い人は聴き分けられているのか？　若い人たちにも騒音に感じられているなら、改正したほうがよいのでは？

とかく日本人は親切で丁寧だ。それがよいところでもあるがゆき過ぎもよくみかける。ゆき過ぎなのはガイドする側ばかりではない。受け手側の私たちにも問題がある。「なんでここに注意書きがないんだ」と言って責任を管理者につきつける。だから、これもあれもあそこもここもと事前の通告をしなければならなくなる。

移動の多い私はできるだけ穏やかな時間が欲しい。新幹線も飛行機も乗っている間はのんびりしたいのに、ウェルカムな雰囲気にしたいのか、それ要る？　といった喋りが始まったりする。

飛行機は、最近乗っていないので責任とれませんが（事前通告）、機長の挨拶、客室乗務員の主観による季節や年中行事にまつわるコメントなどがあって眠り難かった。

新幹線は途中停車駅も多いからアナウンスもそれなりにある。でも、英語訳など外国語での繰り返し（これは女性の声で録音されたものだから比較的耐えられる）や、酒かタバコの摂取過多では？　と思えるほどのダミ声（ここまでは許そう）が音量も気にせず語る語る！　もう少しマイクから離れて、聴く人の耳に優しくできないものか。

そうだ、思い出したことがある、五〇年前に東京へきて、都内を走る電車に慣れていない頃、「〇〇駅へ着きまぁす。〇〇の次は△△駅です」のアナウンスに、△△駅だけが聴きとれて、予定の△△のひとつ前の〇〇で降りてミスったことがある。

東京は個人任せの風潮なのか、穏やかなアナウンスが多い。騒音もボソボソも困る。

# 困ったもんです

ヒトって生き物は困ったもんです。ないものねだり、他人の悪口、隣の芝生が青く見えたり、一獲千金を夢見てカジノへ出掛けてスッカラカンになったりと、その欲を挙げればきりがない。

そもそも神はヒトに不満だと感じる時間を満足と感じる時間よりもかなり長〜く与えたのだから仕方がない。一日三度の食事で、健康だったら三度×二時間（ごはん食べて満足している時間）＝六時間は毎日満足が得られるのだが、残りの一八時間はよく考えてみると不満なような気がする。〝幸せはすぐそばにあった〟というのも神によるシナリオのようで残念だ。生まれてすぐから死ぬまでずっと幸せを与えてくれていればこんな妙な納得を時間かけてせずとも済むのではと恨みたくなる。

そう、ヒトは困ったものですぐ恨むのだ。

テレビニュースのキャスター、悲しいニュースには悲痛な顔、つられて私も悲痛に顔がひきつるが、直後の楽しいニュースに一転破顔に変わる。キャスターのマナーなのかもしれないが、ひきつった私の顔はまだひきつったままだ。キャスターの自己コントロール技術の高さが恨めしい。ついでに、ダジャレや内輪うけが最近多いが、面白くないから芸人に任せた方がよい。

歯医者の多くは私に口を開けさせたまま質問して困らせる。

美容師は洗髪仕事を済ませた感を伝えながら「痒《かゆ》いところはないですか」と訊《き》くから「ないです」としか応えられない。

タクシーに乗っても恨む。

最近のタクシーは後部座席用にテレビが付いている。運転手が右で殆どの客は左に乗るからテレビで前が見えない。運転手の後頭部を見ずに済んでいるのに助手席のヘッドレストよりデカい映像が広告を流しつづける。ちょっとした閉所恐怖に陥るのだ。

まだたったの一台にしか遭遇してないが、テレビが右（運転手の後部）に付いたタクシーがいた。そうそう、そうして欲しかった、と嬉しかったのだが、タクシーのテレビ広告の多くはオフィス仕事の能率アップのためのものが多いから、ただ単に〝乗客が二人以上の時の慣例で、お偉い方が右に座るからその人に観てもらったほうがよい〟という理由だったのかもしれない。

新幹線に乗っても恨む。

東京―博多をたった五時間弱で進む「のぞみ」は凄《すご》い。でも眠いのに眠らせてくれない。車内アナウンスは繰り返されるし声は大きすぎる。老人のこの難聴でもうるさいほどだ。車窓まで来た駅弁売りはなくなったのに、車内アナウンスは私の子供の頃のままなのかも。
まだまだ恨めしいものだらけの世の中だが今日はこの辺で。

## 目眩しないマナー

駐車料金を払うときにいつも目眩《めまい》がする思いになる。

まず駐車券を精算機に入れようとしてもわかり難いので紙幣投入口と間違えることもよくある。領収書ボタンと精算ボタンと駐車番号ボタンもわかり難い。時間に余裕があるならこうも思わないが、乗車したままでの支払いのときは格別だ。

後続の車が待っているのをバック・ミラーに見つけて焦る。焦るといいことはない。くしゃくしゃの紙幣が、入れても入れても戻ってくる。手のアイロンで伸ばし、やっと入っても、今度は釣銭を摑むのに苦労する。若者じゃない、指先は鈍感の時代に入って久しい、五〇円玉が指の隙間から落下する。何でコインの直径を同じにして作らなかったのか！（もちろん筆者は理由を知っているのだが）年寄りいじめか！

ある精算機に至っては、客が間違えないようにとの配慮からだろうが、わざわざ付された矢印の先に〝ココは駐車券投入口ではありません〟と書かれている。

いやいや、急いでいるときにそれは逆に不親切でしょう。客は〝駐車券〟という文字が眼に入ったら、その投入口に直進しますよ。指示とは、迷わないように示すもの。迷わされ、まるで間違いさがしのゲームのように右往左往。まあ、これは日本人ぽいというのか、過度な親切のひとつですね。

看板にもこの傾向がみられる。

街を歩けば看板だらけ。色彩豊かといえば聞こえはいいが、目眩がする。建築物は落ち着いた色なのだが、その入口に壁に所狭しと赤、黄、青、緑、紫、ピンクなどがくっ付いている。これでもウチの看板が眼に入らぬか、と吠えているように思えて、こちらの心の中は暗〜い色に変わる。隣より目立つようにと競い合って結局どれも目立たない。夜のネオン街ならわかる気もするが、昼間に色の洪水はかんべんして欲しい。


極めつけは旗。旗が風になびくのを観るのは嫌いじゃないのだが、道路にはみ出すように扇情的に立つ旗は好きじゃない。しかも列を作るように同じ旗がいくつも置かれている。文字が書かれているのでつい読もうとしてしまうと目眩がする。

読もうとしなきゃいいのだが、風になびいて読み難いと、好奇心から完読したくなるのだ。

こんな人間心理を利用しようとはためく文字を考えたのなら脱帽だ。脱帽するだけで学ぼうとは思わない。

日本人は概《おおむ》ね繊細だから街の景観がもっとすっきり気持ちよくなれば、と願っている人も多いのではと思う。でも我慢するのも日本人だ。私も目眩を我慢しようっと。

## 歩くのが下手でして

歩き方が下手だとつくづく思う。オギャーと生まれ、這《は》い這いから立ちあがり歩き出してからずっと下手だったのだと思うとぞっとする。

雨傘さして水溜《みずたま》りをよけながら少し急ぎ足だったあの日、あることに気付いたのだ。気付いたことに我ながら感動したが、ここまでに七〇年かかったことの方が気になった。

世間では正しいウォーキング・フォームについてあんなに広く深く語られているのになぜ興味をもたなかったのだろう。だって歩いてるとき下半身は無意識だし、むしろ働きたがっているのは頭の中。よく言われるじゃないですか、散歩中がいちばん脳が活性化するって。食事の仕方を指南されても聞きたくないように歩き方だって我流でいいはず、だった。

私の歩き方は一言で〝力んでいる〟だ。

よく踵《かかと》から下ろせと聞くが、踵から踏めば自然と力は抜ける。わかっていても歩行中は無意識になるからいつの間にかヒョコヒョコ歩きに戻っている。肩や腰に力が入って雨の中を急いでいるとますます緊張が全身を被《おお》う。

年寄りは、ちょっとした緊張にも耐えられなくなる。体力がないからだ。だから気付いたのだった。フッー歩きの間は力を入れずに歩いているとずっと信じていたのは大間違いである。あの日、水溜りをよけたとき、力入ったな、といつものように思ったが、なんと、よけた後も同じような力感でそのまま歩き続けている自分に驚いた。

つまりこうだ、疲労を知る年齢になったせいで私は一歳の頃からいつもどんなときも身体に無駄に力を入れていたのだな、と（お詫《わ》び。読者の皆さんすみません、こんな話題で、しかも説明下手で、ここでも懲りずに無駄な力を使っています）やっと理解できたという話。

歩行に限らず、何ごとも力が抜けてないとうまくできない。

でも教えられなくても生まれつきできる人もいる。ＤＮＡのせいだろうが、羨ましい反面、歓迎したくない遺伝子もある。

あるとき、コーヒーカップを持つその私の腕の角度にふと嫌気がした。肘の高さや張り方が父や兄と同じだったのだ。誰かに似ているということは誰かが作った檻《おり》の中に入れられたようで、肉親の檻とはいえ不自由な気分だ。

ＤＮＡは街路樹にも見られた。春が近いのか幹から唐突に小さく青々しい葉が芽吹いている。

まるでヒトのホクロから生え出た毛のようだ。

早く大人になりたい早く仕事で成功したい早く安定して結婚したい――私は芽吹いてそれだけで今日まで来たようだ。世間との距離は多少遠くなったが、相変わらずなんとなく煩わしく、なんとなく不満、なぜか世間から逃げ出したく、なぜか世間に居させてもらいたい。

# カツカレー

世の中にはわからないことが多い。

ある空港のカレー屋でのこと。プレーンなカレーが食べたくて注文しようとメニューを見たら、カツカレーしかなかった。空港の立ち食いカレーだからメニューがカツカレーの一種類しかないのはわかる。

そこで、「カツをのせないカレーをください」と注文すると、「それはできません」と店員が言う。

ものわかりのよい私は、

〈なんるほど、カツの代金を引いて売るのはバイト君の一存ではできないよな。新しい料金設定を彼女の一存でやると、後で経営者に怒られちゃうからなぁ〉

「わかりました。カツカレーをお願いしますが、カツをのせないでカレーのルーだけで」と言うと、彼女は無表情のまま、いや、少しだけイラついて

「それはできません」と。
〈えっ？　ああそうか、私の言い方が悪いのかも。ちゃんと伝わるように具体的に言わなきゃ！〉
「では、カツカレーを注文します。代金はカツカレー代金として払います。ただし、カツを外していただけますか？」
「いえ、それはできません」彼女は大きくイラついてきた。
私「どうしてですかぁ？　カツカレー作ってカツを外せばいいだけですよね？」
彼女「………」
私「ご飯の上にカツをのせて、カツの上から、カレーをかけるから、カツにカレーが付いて外すとルーが減るから、ですか？　それともルーが付いたカツの処理に困るからですか？」
彼女「とにかくできませんので」
私「皿にご飯をのせてから、カツをのせるんですよね？」
彼女「そうです」
私「だったら、その時にカツをのせないで、ルーだけかけて出してくれればいいじゃないですか」
彼女「いえ、できません」

私「…………」

——結局私はカツカレーを頼んでカツを避けながらカレーを食べた。どんな闘いでも敗北は惨めだ。カツを嫌がったせいかも。

イレギュラーな注文は絶対受けるなと経営者か店長から厳しく言われているのだろうが、私には不思議な問答だった。わがままな客が世の中には大勢いるのだろうが、少し融通が欲しかった。

でも今は、彼女のマニュアルを守る頑なさが微笑ましい。

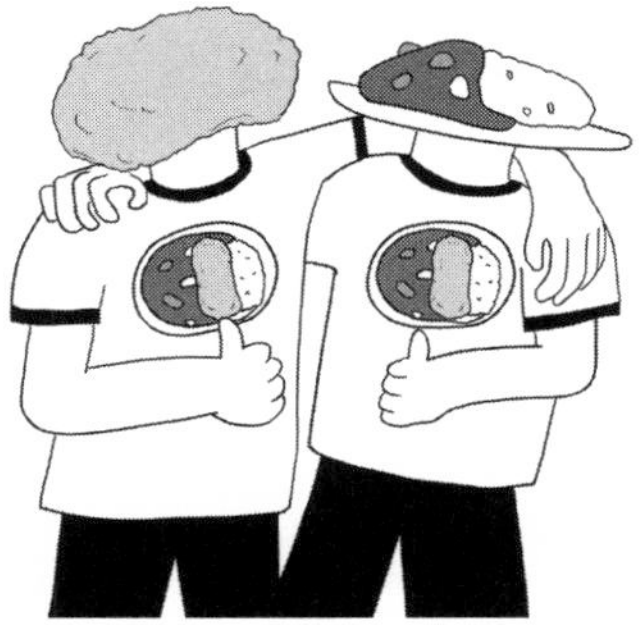

# 俗人の答え

もう二五年程前の話。東京のある蕎麦屋《そば》でおつまみの提案をおかみさんがした。

「カラスミはいかがですか？」

ここは高級店、私は、ナメられまいとの虚栄心から、

「あぁ、あれね」と会話を弾ませ、「ボーフラの子ね」と返した。

カラスミはボラの子だと知っていたのに、確か何かの子→ボラ、と流れた脳内の川に漕ぎ出した助け舟は、不幸にもボーフラを乗せてしまったのだ。

ボーフラが蚊の子くらいは私だって知っている。よりによってこの場面でよりによってボーフラになってしまう私の脳の仕組みを恨んだが後の祭り。おかみさんと私の眼はみつめ合っていたが、間には明らかに透明の壁がそびえていた。

でも彼女はプロ、聞こえなかったように話をそらした。これから食事終了までどんな顔していれば、と思うと、私としては笑い飛ばしてくれた方がよかった。

風は素晴らしい。生きているここは動の世界であることを教えてくれる。長く生きても人生はますます不可解。でも風が木々の葉、散歩する犬の長毛、女性の髪などを揺らすのを眺めていると、〝人生とは何〟なんて答えを求める自分が馬鹿馬鹿しく思えてくる。

癌《がん》の治療で手足が痺《しび》れ動かなかったとき、ヒトは動いている生物だと改めて思った。身体中すみずみまで神経が巡らされ、生活に必要な動きができる私たち。ヒトを創ったときの主の意図はわからないが、こんなに精巧に仕上げたのなら、予《あらかじ》め病気しないように創ってくれてもよかったのにと恨めしく思う。

病気してもせめて軽く済むように創ってくれていればと。まるで子供の〝だだこね〟だが、病を思うと誰もが一度はそう呟いたのではなかろうか。


しかし、反面教師ってのがあるのも人生、病の苦を体験すると凡人なりの解脱を覚えたりする。苦しんだ結果、〝生きる歓《よろこ》びと生かされていることへの感謝〟を知るのだ。

特に〝感謝〟へは自力では到達できない。周りの人たち、天の意思などの存在を改めて思い知らされる。私にも歓びと感謝が訪れ棲《す》みついた。退院後はどこか聖人のような気分（不遜でスミマセン）になった。

でもやはり凡人、すぐに俗人になり果て、こうやって、ぐずぐずとして、読む人をイライラさせる原稿を書いている日々であります。そういう訳で今年の私の座右の銘は「喉もと過ぎれば熱さ忘れる」と「馬（私のこと）の耳に念仏」と「のれんに腕押し」。身体の部位をつかってまとめてみました。

# 神対応の思い出

夏の陽差しは辛い。でも真に辛いのは他人との共存だ。

陽差しを避けるため、住宅街の路地に入ってすぐ私は建物がつくる影のなかへ動いた。すると偶然前を歩いていた女性があからさまに嫌がる態度で路地の対岸へ移動したのだ。

黒い日傘を手にした彼女には日なたと日陰の違いはないだろうが、私、老人には真夏の直射日光は痛い。私が日陰へ入る時の急いだ感じが？　後ろについた距離が？　それとも嫌いなタイプのオスの臭いがした？――気になって対岸を歩く彼女を見ると、ヒップラインの浮き出たようなコスチューム。うむ、それに魅《ひ》かれた嫌いなオスと判断されたのかもな、と小さく納得した。

ある著名な人物に大変な失礼をしたことがある。

一五年以上前のこと。東京は青山のカフェの入口に彼は立っていた。カフェは休みで雨が降っていた。通りがかった私は面識ある彼だったので声を掛けた。

そのときの彼のコスチュームは上下ワーク・ウェアだったし（服飾の流行に疎い私はそれが最先端のお洒落なコスチュームだとは気付かず）、カフェは休みだったし、彼は世界に誇るべき服飾関係のプロデューサーでありデザイナーだから、私は「今日はこのカフェの内装の仕事ですか？」と満面の笑顔で言った。

すると聞こえるはずのない彼の溜息がなぜか聞こえたのだった。何か変だと感じたが、彼は微笑んで「皆、元気？」とかつての共通の友人の名を挙げて話をそらした――。


あの時の私の恥ずべき勘違いに気付いたのはそれから二～三年経ち、ワーク・ルックが世間で流行し始めてからだった。あの日彼はスーパー最先端の出《い》で立ちだったのだ。

あの私のひと声、ほんとにスミマセンでした。でも情状酌量いただきたいのは、勘違いの条件が揃っていたという事実。カフェの入口に立っていたのは傘をお持ちだったから雨やどりじゃない。お洒落なカフェだから空間プロデューサーとして打ち合わせに来たのだろう。

そして極めつけはワーク・ルックの胸にさしていた二本のペン。この胸のペンで決定的に私は勘違いしてしまった。

でも思えば、不愉快にさせられても私への対応には美しさすら感じる。神対応という表現があるが、真にそれをさすのではないだろうか。神対応と耳にする度、私はいつもこの大失態を思い出す。

# 実はこの世は

リュックは大人のランドセル。両腕を大きく振って歩けるから健康にいい。

今使っているもので五個目のリュックだが、もう買い替えの時がきたようだ。リュックの上部には手で下げる用のU字の紐《ひも》（持手と呼ぶらしい）が付いているが、コロナのお陰で消毒液を繰り返し手に付けるから、そこがボロボロになったのだ。それでもリュックの便利性を活用してどこへ行くのも一緒。

先日、繁華街を歩いていたら、背後から見知らぬ人に「リュックが開いてますよ」と声を掛けられた。

私は赤面して「あ、ありがとうございます」と礼をした。

実はリュックの口を開けたまま歩いていたのは今回だけじゃない。私にはよくあることなのだ。颯爽《さっそう》と両手を振りながら、でも背中のリュックがパックリと口を開け中身まる出しで歩いている男はかなりマヌケに見えたことだろう。そう考えると後から後から恥ずかしさが増してくる。

注意してあげようと思ったけど〈人目があるから〉とやめた人もいただろう。面白がって〈こいつはいつ気付くかな〉としばらく付いてきた人だっていたかもしれないのだ。

あるカップルにはデイトの格好のおかずになっただろう、「見て見て、あの人が背負っているもの！　大きな口をパクパクさせて歌っている顔みたい！」などと言ってきっと彼の腕に甘えるように絡みついたはずだ。まあ、それで二人が仲よくなれたのなら私の方は恋を育てる天使になれたのだと思うしかない。


さておき、私に注意を促してくれた人はいい人に違いない。マナーという観点からはかなり立派な行いだと感心させられる。そして高齢者ならこんな行いも自然な気がする。でも、これまで私のリュックの開きを注意してくれたのは高齢者ではなく若い人の方が多かった。

私としてはそこが何だか嬉しい。お節介でも、困ったことにならないよう告げてあげよう、と他人に親切にする心はほんとに有難い。最近の若者はネットの影響下で周辺には我関せずなのだろうと勝手に考えていたが、私の偏見だった。

時代が変われば人の心も変わる気がするが、それは表立ったところだけなのかもしれない。

今も昔も若者も高齢者も、心の奥には変わらぬ優しさが宿っていると信じたい。人には人の不幸を見て見ぬふりはできないというDNAが確として在るのかも。

いや、犬や猫にだって同類を労《いたわ》ったり助けたりする姿を何度も見てきた。DNAがそうさせるといえば味気ない話になってしまうが、そのDNAに触れ、感動し幸せな気分で生活する私たち、実はこの世は既に天国なのかもしれない。

# じじぃは思い出す

# 幼少時の思い出　前編

誰にもある出生地。宇宙人でもない、半魚人でもないなら誰もが地球上の陸地で生まれたはずだ。「私は水中分娩だったから水の中で生まれた」などと反論する人、間違ってないです。でも……ちょっとお付き合いくださいね。

一九四八年二月一九日に私は生まれた。そこは福岡だった。

自由が欲しいと叫ぶ人は多いが、自由を手に入れるのはなかなか難しい。出生の時や場所を自らは選べないことが早くもそのことを物語っている。私だって自由が欲しい。ただできるだけ身近なところに限定して求めることにしている。獲得可能な予感と、達成できた結果に囲まれていた方が幸福な気がするからだ。しかしこの考え、〝せこい〟〝小心〟など、日和見的でチャレンジ精神が見受けられない。

何ごとにも二面性がある。表裏、上下、内外など挙げればきりがないが、私はどうも裏、下、内といった陰面ともいえる側面に生まれてきたのではないかと思っている。

もちろん自分のキャラを選ぶ自由もない。もの心ついたときには既製品の自分がいる。自分のキャラが嫌でも、なかなかキャラは変えられない。DNAに織り込まれ支配を受けている訳だからキャラチェンジの自由を得たければまずDNAと闘わなければならない。DNAからの脱出だ。先天的な自己を打ち負かし、後天的な新しい自己を得るのだ——うーむ、無理だ、どう考えても。そうだよ、あの夏目漱石だって晩年は〝則天去私〟の境地へ達観したではないか。ビートルズでいうなら〝let it be〟でいいのだ。それらを教訓として私は〝見ざる言わざる聞かざる〟を自分らしさとしよう。と表明しつつ、言ってますがね、トホホ。

皆さんは何キャラですか？

ともあれ、福岡に生まれたことは変えられない事実。眼の前の父母兄弟と生を共にしなければならない。末っ子だという理由が私を陰面な人にしたのかもしれない。でも先に書いた〝let it be〟の心境はもちろん大人になってからのこと。小さい子供だった頃の私は末っ子の準主役が気に入らなくて、礫《つぶて》で兄たちの友人を泣かせていたほどのやんちゃだったが、一度投石が頭部に命中して血が噴水のように吹き出したのにはビビった。

# 幼少時の思い出　後編

私が生まれた一九四八年は終戦後まだ三年しか経っていない混乱の日本だ。

もちろんリアルな記憶があるはずはない。

これは母から聞いた父の人物像の話。

敗戦で逃げるように朝鮮半島から帰国した家族にまだ私は居ない。私の上の、一〇歳未満の兄弟二人を連れて福岡に居を構えた。父が自ら建てたオンボロ小屋だったらしい。風呂はドラム缶を使った。足の裏が火傷《やけど》しそうなので板を敷いた。

国民全員には食料が行き届かず、我が家の場合は父がジャガイモを主にした畑を作ったらしい。そのジャガイモがどうやら盗まれているらしく、ある夜、父は寝ずに見張っていた。

すると、来た来た、怪しい人物がジャガイモを袋に詰め込もうとしている。

なんと父は盗みの現場を押さえたのだ。泥棒と向かい合ってどんな会話があったのかは聞いてないが、その結末を知って驚いた。

父は泥棒の「子供たちが腹を空かして待っている」の言葉を受け、彼が盗み抱えていたジャガイモの倍以上の量を加えて渡したらしい。呆れたように語っていた母だが、どこかそんな父のことを嫌いではなかったようだった。

鶏《にわとり》も飼われていた。卵を取りに三歳の私が鶏小屋に入ると、鶏が威嚇《いかく》して私の頭の上に乗った。翌日にその鶏はいなくなっていた。父は「あの鶏は許さん!」と言っていたから絞めたのかもしれないが、イタチに襲われたのかもしれない。

ある日のこと、イタチは父に捕らえられ害獣としての罰を受けた。父親の投げたイタチは大きな放物線を描いて墜落、即死した。時々思い出すその残酷なはずの光景だけど、今ではなぜか美しい。イタチの黄色がそれはそれは雲ひとつない真っ青な空を舞うように見えたからかもしれない。放物線のてっぺんにある揚力と重力との境でイタチはふんわりと浮かんだようだった。

死の直前に与えられた一瞬の安らぎだったのか。そこでイタチは運命に支配された無力な己を嘆いたのか、それとも畏れるように受け入れたのだろうか。

あのとき幼い私は「殺さないで」と父に命乞いした。その心の傷を後年の私が〝美しい〟と無意識に変換したのかもしれない。

# 神秘的な何か

私が五歳の頃の話。

ある日いつものように海へ遊びに。二人の兄たちは砂で遊んでいた。泳げない私はそれでもいつもより海の深さを求めていた。「肩まで浸かったら戻ろう」と、もう一歩深みへ進むと、突然水位が頭上にまで上がったのだ!

慌てて手足を動かすが摑むものは何もない。沈んでは息を吸うため顎を突き上げ、を繰り返しながら「今日、死ぬんだ」と覚悟したとき、背中から波が来て私を持ち上げ前に押しやったのだった。足の指先だけが砂に触れ、助かった、と思ったら揺れる波でまた危うい状態に。「やっぱりダメか」と諦めかけた次の瞬間、今度は大きな波が私を一気に二メートルほど運んだ。無事着砂。

一五秒ほどの出来事だったろうか、私には長い長い闘いだった。

後に一九六九年、アポロ一一号が人類初の月面着陸を果たし歴史に刻まれることになった。

「たかが一歩だが人類にとっては大きな一歩だ」と言った宇宙飛行士の言葉が胸に深く染みたものだったが、私にとっても海中での一歩は〝死〟から〝生〟への大きな一歩だった。今でもアポロ一一号の月面着陸シーンを観る度、無重力の海中での着砂を思い出す。

命拾いの体験をしたとき、人は神秘の力を感じてしまう。

この出来事から、私はなぜ生かされたのだろうと考えるようになった。あの時、兄二人は溺れかけていた私には全く気付かず、救ってくれたのはあのひとつの大きな波だった。偶然と言えば済まされることだが、体験した私はどうしても神秘的な力の作用があったと感じてしまうのだ。兄たちに救ってもらっていたのなら神秘は感じていないはずだ。おかしなことを言うようだが、私を運んだあの波は他の波と違っていて、なんだか温かい生き物の掌のようだった。異次元に存在する顔も知らない何者かが私を救ったのだろうか？

だとするとますます私は意図的に生かされたことになり、ますますその理由を知らなければならなくなってしまうのだ。

# もの心

もの心ついた時には家の近所に競輪場があった。

競輪場が開設される前からの住人だった我が家は福岡市からの土地明け渡し要請に応じ、代わりに競輪場内での食堂を営む権利を得たらしい。

食堂は、酒類、様々な定食、うどん、蕎麦、巻き寿司、ちらし寿司、おでん、串揚げ、まんじゅう、団子、おはぎ、アイスキャンディー等々、食卓に上がるものなら何でも売っていた。

客は買った車券が当たれば腹一杯に注文し、外れればまた怒りが食欲を煽り腹一杯の注文をするのだから食堂は儲かる商売だったようだ。

食堂を切り盛りする母は、私の手を引いて競輪場まで出勤するのだが、それは入口まで。幼い私は入れないのだ。

彼女は私を残して場内へ去ってゆく。三〜四メートルはあっただろう正門の高さは、その鉄製の威力を発揮して母と私を割る。競輪開催日はいつもそうだった。別れを惜しむ幼い子は鉄格子をただ強く握りしめるだけ。鉄の重々しさが朝陽を受けて眩しく、母の後ろ姿がますます遠かった。

いつの頃からかはわからないが、私は場内へ入れてもらえるようになった。

うどんや蕎麦は仕入れの時に既にゆで上がっているのだが注文があれば改めて湯通しをして丼に入れた。この時の湯切りをする作業がなぜか好きでよく手伝った。シャキッ！　シャキッ！　と聴こえるのが小気味よかったのかもしれない。

また、ところてんを押し出す作業も好きだった。塊を箱に入れて押すと細切りになって出てくるのが楽しい。マジックショーを観ている気分だった。

父は、店の客席に座り競輪の予想紙を片手に、反対の手にはタバコや赤鉛筆を持って髪結いの亭主よろしく次のレースに執心するだけといった日々を送っていた。

時々、私に数字を走り書きした紙を渡して「和夫、車券買ってこい！」と促した。

私が一番好きだったのはこの瞬間だった。父を感じることができたからだ。甘え下手だった少年だから、車券を買いに走ることが父との接点だったのかもしれない。

今思えば……主人の投げるボールに……犬という感じだが。

## 小学生

幼稚園には通わなかった私。理由は知らない。貧乏のせいだったのだろう。

一九五四年、私は六歳。小学校入学。

初めての集団体験。同じ年頃の子らとの時間は、家にはない緊張感が新鮮で学校は嫌いじゃなかった。

不満といえば、私の着ている服は兄弟のお下がりばかりだったこと。鼻水を長袖口で拭っていたので、いつもそこがテカテカ光っていた。それを母に注意されたことがあるが、口調に厳しさは感じなかった。

私の二人の兄のさらに上に二人の兄がいたのだが、共に夭逝《ようせい》した。そのせいか、父母の口癖は「早く寝なさい」「夜の勉強はやめなさい」などばかり。

最近知ったのだが、この長男の誕生日が私の誕生日と同じであった。

親の心の奥など小学生にわかろうはずはないから私には少し変わった親という印象だった。

とにかく子供には健康であって欲しかったのだろう。

当時は近くに市電が走っていたが、学校までは二駅の距離だったので歩いて通っていた。ある日市電の線路の上を歩いていたら、乗車券がたくさん落ちているのを発見。あの頃、改札の習慣があったかどうかわからないが、その乗車券で乗車できたからラッキー。たくさん拾ってからは電車通学に変えた。

電車の運転席の近くで運転手の動きを見るのが好きだった。

チンチン電車だったから、天井に張られたロープを片手で引いて〝チンチン〟と鳴らしたり、指差し確認というのだろうか、出発の時、前方に腕を伸ばし指差す仕草に大人の男らしさを感じた。

また、電車が駅を通過するとき、車掌が動く電車から半身を出して皮製の直径四〇センチ程の輪っかをホームで立って待つ駅員から受け取る作業に憧れた。日常の中にサーカス芸を見た気になっていたのかもしれない。親戚の前でその真似事《まねごと》をしては嬉々としていた。叔父・叔母に拍手されると図に乗って繰り返した。

今の私もステージ上でパフォーマンスする。図に乗るところは少しも変わっていない。

# 中学生

中学生になった。

親からいつも「勉強しなくていい、したら体を壊すから」と言われていたからなのか、生来の怠け男なのか、私に〝勉強する〟という心はなかった。

当然、学業成績はいつもビリから数える方が早いという順位。優秀な成績の方が先生や女子たちから好かれ、周囲から一目置かれる訳だから、そりゃあ上位に居たかった。

でも教科書を読んでもただ眠くなるだけ。高校のときなど、社会の試験答案用紙を前に、第一問目の問題文を読んでも意味がわからず、何度も読み直しているうちに眠ってしまった――〈反復は眠気を生む〉という理論は正しい――。肩を叩かれ眼を覚ましたときは答案用紙が集められていた。さすがに自分に驚いた。だから、秀才になれるはずはない。

ただなぜか、友だちになってくれるのは秀才タイプ。憧れてストーカーのように近づいていったのかもしれない（笑）。

そこで問題が出てくる。

その秀才君の成績が下がると、先生は原因を探り、

「一緒に居るのが財津では悪影響を受けたに違いない」

となる。

ある日、先生は秀才君と私を呼び出し二人を前にこう言った。

「○○君、財津君と付き合うのはやめなさい、不良になるから」

ショックだった。

でも中学生の頃の私は、そう言われても仕方のないくらいアウトローな野郎だったのだ。先生の気持ちは理解できる。私だって同じことを言っただろう。

中学三年ともなれば、卒業アルバムの制作だ。

我がクラスの大きな模造紙に寄せ書きを完成させた。それをクラス集合写真の横に載せるらしい。しかし、寄せ書きの出来がよくなかったらしく、先生から書き直しを命じられた。

「模造紙の中心から放射状に順に書いていきなさい」

確かに好き勝手に書かれたそれはまるでカオスだった。書いた内容も直すように言われた。

〝えーっ！　寄せ書きじゃなくて、うそ書きやが！〟と思ったが、先生のおかげで安心して今日もアルバムを開くことができる。

ふざけたり茶化したりは記念アルバムには邪魔なだけ。まして本音などがアルバムに残されていては卒業の思い出が様式美として輝いてくれない。

# 運だけの人生　その一

賢いことを自慢したがりは嫌いだが、馬鹿自慢も不快なものだ。

でもすみません、少しばかり馬鹿自慢にお付き合いください。

勉強のできる子になりたかったが、勉強しても成績は上がらなかった。

小学生のときも中学生のときも成績が悪く、担任の先生からは興味を持ってもらえない生徒だった。高校受験を控え、希望の高校を告げると、担任は「あなたには合格が難しいからランクを落とした高校を探しなさい」と言われた。そうだろうなとは思ったが、受験だけはしてみようと願書を提出した。試験は難しかったが、私の狭い知識からの出題というラックもあり不思議だが合格した。

高校時代は勉強が難しくて、いつも授業中は眠ることが多かった。だから中間、期末などのテストの際には高得点をとって成績アップだ！　と意気込んで前日は夜更けまで勉強した。そのせいで前にも書いたがテスト当日、試験用紙を受け取ったところまでは覚えているが、気付いたときには後ろの席から用紙が集め始められていたこともあった。試験時間中熟睡していたのだ。

高校三年になると周りは大学受験で慌しくなった。

私の成績はクラスの中でビリから二番目。秋の体育祭では「ザイツ、お前暇だから青組のアーチ作り担当になれ」と友人たちに言われ、「確かに暇だ」と引き受けた。大学受験は大変そうで、友人たちはギラついていたから「可哀想だ」と犠牲的精神にも動かされたのである。

アーチというのは、いくつかのチームに生徒が分かれ、そのチームのシンボルとなるべく五×七メートルほどの板でできた大看板（絵）をそれぞれの拠点に飾るものである。

我々青組は渡辺綱《わたなべのつな》が鬼の手首を切り取ったという昔話を基に絵を描いた。このアーチの出来も体育祭でのチーム得点に加点される。青組はなんとアーチ得点一位に輝いたのだ！

——と、私の活躍に聞こえるが、実は絵の上手いヤツ（井上君）がいて、彼の指導のもと完成したのだ。私が愚図ついていたのを見かねて、「オレは忙しいんだよ」と言いながらもやってくれた。

今日ここに書くまで、私の腕による仕事だと周りに自慢してきたことを謝ります。

## 高校三年生

ビートルズに浸りながら高三になり、母から「和夫は大学に進まんでよかよ」と言われていたので素直な私はのんびりとした日々を過ごしていた（周りの友人たちは受験勉強で忙しくなった）。

友人たちを遊びに誘っても断られるのが淋しかったが、周りの状況の変化に抵抗せず、というのが末っ子の性、流れに身を任せた。

――なになに！　流れに身を……！　私の出自、実は木の枝と枝の間ではなく次兄のように川に流れていたのでは？　と思ってしまうではないか（P.9参照）。

しばらく流れていると卒業していた。もちろんプータローである。

やることがないからパチンコの日々になった。

朝、開店を待つ間すぐそばを流れる川の水面を何気なく見ていた。チラホラとお兄さんやおじさんも同じように朝の光が揺れる川面を見つめている。

だが、そんな健康的なシーンは八時五五分になると一変した。皆は駆け出し、目的の台を確保するためパチンコ店のドアの前に立ったのだ。これから始まるパチンコ台との長い長いバトルのために川面を見て精神集中していたのだろうか。

パチプロの一面を垣間見た気がして武者震いしたが、私にはできないように思えた。この生活、朝が早すぎる。

ビートルズのアルバム〈Sgt. Peppers Lonely Hearts Club Band〉はパチンコで稼いだ金で買った。

そんな秋のある日の夕方、パチンコの帰り道で同級生に偶然逢った。彼女は高校卒業後に社会人になった人。「本当は大学に進学したいんだ」という私に彼女はこう諭した。「親というものはね、子が大学にどうしても行きたいと言ったら何とかしてくれるものよ。合格した子に諦めろなんて言う親はいないの。受験しなさい」

――高卒で就職した彼女の言葉だからなのか、私に重く響いた。また、女性の精神年齢が高いことにも驚いた。彼女の母性に推されるように私は受験を決意した。

万にひとつ合格したとして、そこから大学生を諦めることもあるなんて、ちょっと面白い筋書きだと思った。

# じじぃが見た夢

## 大学三年生

大学三年生ともなれば、一般的には社会人になった将来の自分の姿を想像してワクワクすることだろう。私は違った。

期日までに授業料を払えず、受けた前期の試験全科目の単位取り消し（実は、ただ単位が足りていなかったようだった）、推薦なし、コネなしなのだから就職できる予感はない。

〝社会人〟という響きは私には酷なものだった。

「バンドだけが唯一の武器だ」と開き直った私は、バンドという鎧《よろい》を着けて社会人デヴューすることを決心した。

――遡って大学生活前半時の私。

学内には学生らしいバンドが既にいくつかあった。アメリカのトラディショナルなフォーク・カントリー系の歌、モダンなフォークソング、そして軽音楽、ジャズなどの都会派だ。

私はビートルズを真似たバンドがやりたかった。

高校生の時に出会ったビートルズ。初めは馬鹿にしていたが、高二の時友人に誘われ「ビートルズがやって来るヤァ!ヤァ!ヤァ!」をセンターシネマ(現在の福岡市天神のソラリアプラザ辺り)に観に行った。「映画館は女の子で満員だからおさわりできるじぇ」という悪友の囁きに乗ったのだった。

確かに女の子で熱気ムンムンだったが、白黒で作られたその映画に私は喰い入った。エルヴィス・プレスリーや加山雄三《かやまゆうぞう》の若大将シリーズなどのこれまで観た音楽映画とは違う何かがあったのだ。初めて観たイギリス映画、ドタバタしないクールな笑いは新鮮。そして何より圧倒されたのは楽曲そのものにだった。

あんなに騒がしかったはずの女の子たちの声が思い出せない。映画館での記憶はビートルズからぐるぐる巻きにされた私の姿だけである。

映画館を出た後の天神に夕焼けが広がっていた。

そのピンクとオレンジの福岡をどこまで歩き続けたかも思い出せない。それからの私は一心不乱にビートルズみたいなバンド作りを目指した。

でも残念ながら、兄に一年ほど前に買ってもらった安っぽいナイロン弦のギターがひとつ手元にあるだけだった。

## 運だけの人生　その二

浪人して大学受験した私。

英語の試験では一問目に長文が出た。長い長い話のようだ。なんの話かさっぱりわからない。問題文だけは理解できた。日本語だったから——。

〝この中から単語を選んで文中の空白箇所を埋めなさい〟と言っている。

選べるはずもないから長文の真ん中に鉛筆を置いて時計の針のようにくるっと廻した。

すると、（忘れもしない）easyという単語を鉛筆の芯先が指した。その単語を答案用紙に書いたら、なんと正解だった。

正解というと失礼だ、当選したと言うべき。不思議なことに大学に合格できたのだった。

そして大学では、バンドを組みたいのにギターもベースもなかったが、親切な友人がベースを買い、貸してくれた。ギターも誰かに借りてそのままずっと自分のもののように使った。

初めてのバンドは〈フォー・シンガーズ〉。私はこのなかで大きな顔をしていたが、実はバンド仲間の田中君という賢い彼がバンド運営をしてくれた。選曲も歌詞の準備も、そして教室で練習する許可も田中君の事務能力でスムーズだったし、歌うアルバイト仕事までとってきてくれた。

後に社会人になった田中君は予想通り仕事で大成功を収めた。今は、福岡でテレベルト・グリーンというバンドで老後を楽しんでいるようだ。ずっと歌ってね、田中君。

話を戻そう。

東京へ行ってからは、デヴュー曲も次の曲も私が歌ってはヒットしなかったが、メンバーの姫野《ひめの》君が三枚目の〈心の旅〉を歌って大ヒットになった。その後、アメリカでレコーディングをすることになったのだが、ラスベガスに寄ったとき、ルーレットで一点張りしたら何と当たって賭金が三六倍になった。


東京の蕎麦はつゆがこげ茶色だ。美味しいが初めは驚いたものだ。

ある日、よく行く蕎麦屋にチューリップメンバーの宮城君がやって来た。

先輩ぶって私は「ぼくのおごりね！」と言いレジに立ったが、財布がない。

結局宮城君が二人分払った。

## ビートルズからロックへ

福岡にはフォークバンドはたくさんみられたが、ビートルズ的なバンドはまだだった。もちろんエレキギター、ベースにドラムといった、ハードロックと呼ばれるバンドはいくつか活動していた。ビートルズから〝ロック〟という呼称が生まれた（因みにヘヴィメタという呼称はポール・マッカートニーがホワイトアルバムとして知られているLP盤のなかで歌った〈ヘルター・スケルター〉という曲から始まった）が、ビートルズはデヴューの頃はアイドルグループだった。四人のメンバー全員がヴォーカルをやり、コーラスワークも聴き応えがあった。

ビートルズ出現までは〝ロックン・ロール〟が若者の流行だった。それを〝ロック〟と呼び始めたのが誰かは知らないが、ビートルズは当時の若者の精神文化をさえ変えたから、それが〝ロック〟だったのだろう。

〝ロック〟の意はやがて若者の生き様までをも示すようになる。

本音を声にすること、大人社会へのアンチテーゼ、さらには真実の追求まで〝ロック〟という言葉は責任を負うこととなった。

その過程を作ったのはビートルズでは物足りない過激なロッカーたちだった。ドラッグに浸かり、不信や不満を怒りに変えて肉体にも危ないと思われる自傷行為がステージ上で行われるほどだった。

無秩序な世界だけが信じられると言いたかったのだろうか。苦しむ若者を〝ロック〟は救ったのだろうか――。

アメリカにベトナム戦争が暗い影を落とした。その戦争の怖さを当時学生だった私たちは表面的にしか知らない。

だからだろう、アメリカの若者が叫ぶ〝ロック〟と私たちの感じる〝ロック〟とは自ずと違いがあるように思える。

でも、社会背景が異なっても、若者の感じる焦燥はどの国も同じだろう。〝ロック〟を歌い叫ぶことで、肌の色や文化の違いでこれまで遠い関係にあった若者同士が少しでも近づいたと思えるなら、〝ロック〟には功もある。日本人にはあまりない〝叫ぶ〟という行為をビートルズやその後のロッカーたちは教えてくれた。五〇年前、福岡にも居たハードなロックバンドはあの狭いステージで確かに叫んでいた。

〝叫び〟は美しいもののひとつだ、理屈を越えて若さが真っ直《す》ぐに飛んでくる。

## 第三回ライト・ミュージック・コンテスト　前編

第三回ヤマハ・ライト・ミュージック・コンテスト（一九六九年）の話。

この年は人類初の月面着陸をアポロ一一号が果たした。私は二一歳。

フォー・シンガーズという名のバンドメンバーは当時〝ライト・ミュージック・コンテスト〟に出て優勝するため毎日のように大学の教室で懸命に練習していた。

放課後が待ち遠しく、教壇をステージに見立てて納得いくまで歌ったものだった。メンバーと喧々諤々《けんけんがくがく》ぶつかり合いながらも声を揃えハーモニーを生む、こんなことは純粋さと確かな目標がないとできるはずがない。言い換えれば青春音楽至上主義。メンバー同士の感性の違いはあっても演奏し歌い始めると争いは忘れてしまう。

――少なくとも私はそうだったようだ。言い換えれば鈍感。

他のメンバーはどうだったのだろう。ひょっとして、協調のために我慢や気配りをしていたのかもしれない。だとすれば私は子供、他のメンバーは大人だったと言える。

〝知らぬが仏〟というか、無知ゆえに行動できたことがたくさんあったように思う。若い頃の私はまさにそんな感じだった。

因みに、〈心の旅〉という曲が売れた後のある取材で、インタヴュアーが私の人物についての感想を、「よく言えば孤高。彼は傲慢だった」と記事に書き足していた。それほど若い私は厚顔無恥だった。

兎にも角にもフォー・シンガーズは練習の成果あって全国大会へと進むことができた。全国大会に出場となったからには、全国レベルのパフォーマンスを披露しなければならない。そこで私たちは〈金毘羅船々《こんぴらふねふね》〉という民謡をアレンジして臨むことにした。

♪金毘羅船々　追い手に帆かけて　シュラシュシュシュ　回れば四国は讃州《さんしゅう》　那珂《なか》の郡《ごおり》……大権現♪

という短い歌詞の繰り返しをコーラスワークで飽きさせないように工夫した。

いよいよ全国大会本番の日が来た。

私たちの出番まではまだ三〇分以上ある。外の空気でも吸おうと、ひとり楽屋口の扉から出た。そこで私は無知ゆえの恥を知ることになる。

# 第三回ライト・ミュージック・コンテスト　後編

第三回ヤマハ・ライト・ミュージック・コンテストの全国大会は、新宿の東京厚生年金会館で行われた。

私たちのバンドの出番前に外の空気を吸おうと楽屋出入口から出た時、驚愕の光景に遭遇した。出番ギリギリまで練習しているバンドがいたのだ。

右の耳からは女性中心のバンド。

左の耳からは男性のハーモニー……。

う、うまい、いや、うますぎる。

取り憑かれたように私はまず右手のバンドへ近寄って純粋に音を楽しんだ。

まずい、私たちは二位になってしまうかも！　と不安のよぎる頭はフラフラとしながらも左手のバンドへ吸い寄せられた。

う、うまい、いや、うますぎるでしょう！

日々の練習で築かれた私の自信は崩壊し、代わりに確信が生まれた。

「私たちフォー・シンガーズは三位だ」と。

しかし絶望しながらも、美しき青春音楽至上主義が別府温泉〝坊主地獄〟のように湧き吹き上がるのを感じた。

自分たちの順位の行方より、この二つのバンドは一体何者なのだろうとの興味が先立ってしまうのだ（笑い話だが、圧倒的なうまさを眼の前で見たおかげで、私たちの六位という順位結果は意外ではなく、心の傷は小さかった）。

右手のバンドは、後にハイ・ファイ・セットと紙ふうせんに分裂する〈赤い鳥〉だった。そして左手のバンドは〈オフコース〉だった。

結果は一位赤い鳥、二位がオフコース（まだメンバーが三人）、と納得の順位であった。

特にオフコースに感動した私は、九州へ戻ってから彼らの音源を何度も聴いた。コンテストのライブ盤が出場記念に送られてきたのだ。後に私はオフコースファンクラブの会員№10に晴れて登録してもらうことになる。

全国の若者の音楽レベルの高さを否《いや》が応でも知らされることになった私は、かねてより念願だったビートルズ型のバンドを目指すことを心に決めた。

その頃の日本は学生運動が盛んで、目立ったところでは東大紛争などもあった。政治・社会に問題意識のない者は〝ノンポリ〟と呼ばれた。私もその一人。
私の興味はバンドだった。

# 第四回ライト・ミュージック・コンテスト　前編

翌年の一九七〇年のライト・ミュージック・コンテストには、フォー・シンガーズを解散し〈チューリップ〉というバンド名で出場した。二年連続の挑戦である。

地区大会を経て、九州大会は久留米市にある石橋文化センターで開催された。

オリジナルである〈柱時計が一〇時半〉という曲で九州代表となるべく、最終ステージに臨んだのだった。

審査の結果、チューリップは全国大会へのチケットを手にできたのだが、私にとってはこの時忘れられない出来事があった。

この九州大会の審査のために、東京から音楽専門家が数人やってきた。中村八大さん、中村とうようさんなど、そうそうたる人選だ。

一位の優勝盾を授与した後、司会者がこう言った。

「今回は特別に賞が設けられました。〈柱時計が一〇時半〉を作曲した財津和夫さんに中村八大さんから作曲賞が授与されます」

そもそも中村八大さんは私の大好きな音楽家だった。NHKのテレビ番組「夢であいましょう」のテーマ曲や、番組内で使われる多くの曲を作っていたし、著名なのは〈上を向いて歩こう〉だろう。坂本九さんの歌声を乗せてこの曲は日本初のビルボード（アメリカの売上ランキングを掲載した音楽業界誌）一位楽曲となった。

そんな雲の上のような人に認めてもらえるなんて！

——舞い上がっていたのだろうか、賞をどうやって八大さんから受け、立っていた場所へ戻ったのかも全く覚えていない。現実と思えないほどの幸福感は白日夢のように消えてしまうものなのか、魔法にかけられたようにその後も数日ぼうっとしたままだった。

芥川龍之介は夏目漱石に作品を褒められ、その時の高揚感をどこかに書いていた。「犬に吠えられても今日は心地よい」みたいなことだ。

私の受賞とはレベルが違いすぎて引用に気がひけるが、芥川の心の内は手に取るようにわかる。犬に吠えられるのも嬉しいとはさすがの表現だ。

私のその日の心にも巨匠芥川を拝借しよう。

## 第四回ライト・ミュージック・コンテスト　後編

第三回と違って、四回目ヤマハ・ライト・ミュージック・コンテストは、合歓《ねむ》の郷（三重県）にある屋外会場が決戦の場だった。ヤマハの当時のお膝元である。

結果は二位。

もう少しだった口惜しさが心を燃やして私のバンド熱をさらに上げた。

コンテストに出てバンドを全国に知ってもらい、レコード会社にスカウトされ、東京から華々しくデヴュー、のはずだったのに目論見のはしごは外された。

計画変更。まずは地元福岡で知名度を高めよう。

そうすれば自ずと名は東京へも届く。地方とはいえ、既に人気バンドなら買い手であるレコード会社はお得なはず。

また、こちらから売り込む図式はなくなり、レコード会社側がすり手で我々を迎えることになるだろう！

やがてチューリップは地元福岡のラジオ番組に頻繁に出演するようになり、夕方のテレビ番組でのレギュラー出演バンドにもなった。手売りのチケットでコンサート開催も自主的にやった。福岡の学生バンド総出演といったスタイルは客席に人を溢れさせ、たくさんのバンドを生んだ。

ラジオとテレビ出演のおかげでチューリップは人気バンドになり、自費発売のレコードを制作するに至った。四曲入りのミニアルバム。有り難いことにＫＢＣ（九州朝日放送）ラジオの岸川均《きしかわひとし》さんがＫＢＣのスタジオを使って収録してくれた。モノラル時代だったのでスタジオを同時に二つ使ってステレオにしてくれた。

スタジオはそれぞれ階が違ったので岸川さんは右往左往ではなく上往下往して額の汗を拭いていた。ご自身も大学時代はグリー・クラブというコーラス部に所属され歌うことが大好きで（実は彼の歌声は一度も聴いたことがないのだが）、いつもバンド活動する若者たちを支援してくれた。何ごとも他人に押し付けることのない誇りの高さをお持ちだった。嫌味のない孤高な感じは丘の上でじっと遠くを見つめる狼をイメージさせた。

彼の墓石には〝風のように〟という文字が刻まれている。放送局というストレスフルな環境で彼は風のように生きていたのだろうか。それができる人だったように思う。

## 自主制作レコード

アマチュア時代に福岡でリリースした四曲入りのミニアルバムは、今でいうところの〝インディーズ〟である。メジャー・レコード会社のように確立された流通があるはずもないから、行商のように売るのだ。何枚売れたかわからない。

当時はグループサウンズ全盛が陰りを見せ、代わりに全国的に学生のソリストやバンドが若者の音楽として台頭した。ソリストとしては高石《たかいし》ともや、岡林信康《おかばやしのぶやす》、高田渡《たかだわたる》などがギターを抱えて社会的メッセージ色の強いオリジナルソングを歌っていた。

そんなソリストのなか、遠藤賢司《えんどうけんじ》は少し趣が違っていた。社会というより私生活を歌にしていた。

象徴的な曲が〈カレーライス〉である。

若者の内面を映し出そうとしていたのか、日記を開いて歌詞にしているようにも見えた。

あの頃の若者は暗かった。

ベトナム戦争の影響、全国的な学生運動などの広がりが将来への不安を生み出した。六八、六九年の東大紛争はその不安の代表的な例ではなかろうか。大学で学ぶこと、卒業することに意義はあるのだろうかと、あの頃の学生の殆どが悩んだことだろう。

アメリカではヒッピースタイルという価値観まで生まれた。世界中の若者は社会を問うところから始まってやり場のないエネルギーをドラッグへと向かわせ、無秩序を原理とまでにしているかのようにも思えた。

とにかくあの時代、若者はカオスの中にいたのだ。

話を戻すが、遠藤賢司は叫ぶ訳でもなく、誰かに話しかける訳でもなく、ただギターを抱えて呟いていた。その姿は、隠居《いんきょ》を始めたじじぃのようにも見えたが彼も若者のひとり。

彼が　♪……うーん、カレーライス♪　と語尾で結ぶと、窓の外側で起こっている若者の大混乱もただの喜劇に変わってしまうようだった。

「若者として必要なもの、それは少なくとも事件じゃない」とでも言いたげに聞こえた。あの青春時代、カレーライスだって私たちの魂なのだと感じたのは私だけだったろうか。

## デヴュー前夜その一

一九七一年は私にとって大きな転機となった。

六九年、七〇年と続けて挑戦したライト・ミュージック・コンテストでは全国レベルの高さに驚かされ、プロへの道は閉ざされた格好となった。

福岡へ戻って再出発を余儀なくされた私たちチューリップは自主制作の四曲入りミニアルバムを出す。

並行するように福岡市天神にある〈照和〉というライブハウスに出演した。〈照和〉の当初のモデルは歌声喫茶——懐かしい呼び名だ。客席に歌詞綴《つづ》りが配られて、ギターやピアノの伴奏で皆が歌うのだ。

ビートルズの出現、アメリカのピーター・ポール&マリーやらボブ・ディランなど、新しいアーティストの登場で日本の若者の音楽志向は変わった。時代に合わせるように〈照和〉も学生アーティストが出演するようになった。客席には高校生の姿も見えた。もう、客席と一緒に歌うシーンは見られなくなっていた。ステージ上には若者の主張しかなかったからだ。「ボクたちの歌を聴いてくれ、ボクたちの生き方を見てくれ」と地下の薄明かりにさえ訴えているようだった。

文字通り〝アンダーグラウンド〟の世界があった。

チューリップは曲が出来上がると〈照和〉で披露した。ギャラはなんとトーストとレモンスカッシュだったが、歌う場があることがどんな不満も消し去った。

ラジオ・テレビの出演でチューリップの知名度は上がり、遂に待っていた日がやってきた。大手レコード会社からのスカウトが始まったのだ。

数社からのオファーに面談して条件を聞いたが、決定づける何かが足りなかった。当時はグループサウンズと呼ばれる〈タイガース〉、〈テンプターズ〉などのバンドが大ブレイクしていたが、まだ、ビートルズのようにバンドメンバーが曲を作りレコーディングも自分たちの演奏で、といった時代ではなかった。

日本の国民性は欧米とは大きく違う。新しさを受け入れることに躊躇《ちゅうちょ》があるし、何ごともゼロから産み出すことが苦手である。音楽ビジネスの世界もまた然り、未来への足取りは重かった。

## デヴュー前夜その二

レコード会社を決めかねているとき、チューリップのメンバーである宗田《むねた》君から提案があった。彼の親戚が東芝レコードのプロデューサーなので、レコードデヴューはそこからにしよう、と言うのだ。

見ず知らずの東京では、身近な人が居るだけで安心だ。チューリップは遂に東京進出を果たした。

それより少し前、私は楽天的だがやはり将来への不安があった。

――バンドをこのまま続けていいのか、大学は中退でいいのか、未来へ向かっていいのか――。

ある夜、後にメンバーとなる安部俊幸《あべとしゆき》君の家へ泊まりに行こうとタクシーに乗った。ギターを携えていた私に気付いたのか、運転手さんが言った。

「キミはギターを弾くとね?」

――「はい」

「ボクも若い頃はギター弾いて歌いよったよ。ばってん、諦めたと。生活せないかんけんね。……キミは好きなことは続けた方がいいよ。私はできんやったけど……」

――「はい」

運転手さんの言葉は、安部君の家に着いてからも頭を離れなかった。ケースからギターを取り出し、深夜にも拘らず曲作りした。

♪私が今日まで生きてきて　何がこの手に残ったろ……お金をもらって何に使おう……できることなら死んでゆくその時まで　歌を唄って生きてゆきたい♪

運転手さんになったつもりで一気に曲が出来た。

メロディも歌詞もほぼ同時に進んだ曲だった。タイトルは〈私の小さな人生〉。小さな、にしたのは、いち乗客の青年に語ってくれたからだった。彼が仮に一〇〇〇人もの観客を前にするアーティストになっていたなら、彼の人生話は一〇〇〇人が知るところとなったはずだ。いち乗客にしか語れない彼の人生はとても小さい。でもそれは大きなエネルギーとなって私に東京行きを決心させた。

たった二人きりのタクシー内、ギターを持つ乗客にポツリと語りたくなる唇に装飾や脚色があるだろうか。

著名人の成功話より無名人の失敗話にこそ人を動かす力を感じる。
東京行きを心に決めたが、現実は甘いものではなかった。
小さな人生は私にも始まったのだ。

# 私の小さな人生のレコーディング

一九七一年二月、〈私の小さな人生〉レコーディング。

音楽好きの姫野達也《たつや》君が東京のスタジオまで付いて来た。

この曲を作った場所が安部俊幸君の部屋だったと書いたが、この姫野君と安部君は後に最終的なチューリップのメンバーとなるのだから巡り合わせは面白い。

東芝のプロデューサーは担当ディレクターを新田《にった》和長《かずなが》さんにした。新進気鋭のヒットメーカーだった。

右も左もわからない私たちは、言われるままにスタジオに入った。これが東京のスタジオかぁ！　福岡には放送局以外にスタジオの必要はなかった頃だから、初めて見る音楽スタジオに圧倒された。

やがて一流ミュージシャンが集まってきた。譜面がアレンジャーから渡され、演奏が始まった。私たちの演奏ははなっからない。仔犬が体を寄せ合うように私たちは時が過ぎるのを待つだけだった。

あっと言う間にオケが出来上がって、私たちはヴォーカルを入れた。私のリード・ヴォーカル、下手だった。新田さんがスタジオの明かりを消して私になんとかうまく歌わせようと配慮してくれたがやっぱり下手だった。もちろんその時はうまく歌っているつもりだったのだが。

あの頃は時代が大きく変わろうとしていたのか、レコード・ビジネスも新しくなり始めた。レコード会社は専属アーティストを抱えることをやめ、レコード制作は外部に任せ始めた。親方日の丸的なリスクを避け、流通の強みを発揮して利益率を上げようという試みだった。

〈私の小さな人生〉はそんな訳で小規模な音楽事務所との契約となった。バンド契約ではない。曲のリリース契約のみである。売れなければその時から将来はない。レコーディング後、契約書にサインが済むと私たちは福岡に帰された。

こんなはずじゃないと思ったが、こんなものなのだろうとも思えた。なるようにしかならない。どうせ私はこれまでも刹那的に生きてきたのだから。

でも二人のメンバーは不安になったのか、チューリップを辞めると言うのだった。

## メンバー交代

メンバー二人が脱退したバンド、チューリップ。実感としては終わったに等しかったのだが、〈私の小さな人生〉は発売されてしまうという奇妙なねじれが起こった。

レコード（当時はまだCDではなかった）の表紙の撮影時では、脱退した二人も被写体だった。つまり、レコード店に並べられるシングルレコードの表紙には、旧メンバー二人の顔が見られる訳である。

形骸化したチューリップ、売れるはずがない。メンバーのいないバンドはメンバー自らが積極的に動いて宣伝することもできないからだ。

仕方なく新メンバーを集めた。

〈ハーズメン〉にいた安部俊幸、〈ライラック〉にいた姫野達也、〈海援隊〉にいた上田雅利。

チューリップは五人になった。

この五人がやがて上京するメンバーである。

東芝レコードから〈私の小さな人生〉が発売され、宣伝活動にメンバーも動いた。いくつかのレコード店に挨拶に行き、来店記念のアーティストサインをするのだが、メンバーの顔が違う。表紙に写った旧メンバーの顔の上にわざわざ太ペンでサインをした。メンバー交代のマイナスを補うための苦肉の策だった。

文字通り、旧メンバーの顔に泥を塗る（？）行為は新メンバーの心も痛かった。

この苦境をなんとか乗り切らなきゃという必死の思いはよい経験になったと思う。なりふり構わず進むんだという意識が芽生えてきた瞬間でもあったのかもしれない。夢に向かって真っ直ぐ、といえば響きはよいが、むしろ、荒野に捨てられた自分を助けるために眼前に道を探すように歩くだけ、と言った方が適当かもしれない。

振り返って思うことだが、〝夢〟なんて語を意識して進む者は本当に居るのだろうか。夢は持てば持つほど虚しくなり力が失われてゆくものではないだろうか。みつめ、語るべきは遠い夢ではなく、眼前の現実ではなかろうか。現実の膨大な積み重ねだけが夢という結果を作り上げるものではないだろうか――。

どこかで聞いた言葉がある。

「夢を早く実現させるためには、早く夢から醒めることである」と。

# じじい
# 咲く

# 魔法の黄色い靴

一九七一年、私が二三歳のときだった。

〈私の小さな人生〉という曲でプロとしてのデヴューが実質的にできなかった、と前回に書いた。世間知らずの私はただバンドをやり続けるしか能がなかった。武器というものはひとつもない。あえて言うなら〝無知〟という武器があったのかもしれない。自分の力を正しく把握できないという客観性の欠如のお陰で畏れを知らない私がいた。

その頃の照和（ライブハウス）は福岡の若者シンガーが連日連夜ステージを賑わせていた。新生チューリップは閉店後の照和で新曲を録音した。家庭用のテープデッキを持ち込んでのお粗末な音作りだ。新曲〈魔法の黄色の靴〉だった。

この曲のタイトルはデヴュー直前に〈魔法の黄色い靴〉に補訂される。私は〝の〟が気に入っていた。メルヘン、絵本、幼さなどを匂わせると考えていたからだ。

でも、言葉として標準的に変だということで〝い〟に変わった。私は即ＯＫ。田舎者に異論があろうはずもなかった。

〈魔法の黄色い靴〉は、自分で言うのも変だが不思議な曲のひとつだ。あっと言う間に曲ができたからだ。〈私の小さな人生〉のときのように、タクシー運転手さんの呟きに触発された訳ではない。具体的な動機がない。気がつけばできていた、と言うべきか。

だからメロディも詞もフワフワとしている。

〈私の小さな人生〉は〝人生とは？〟と訴えるが、こちらは強い主張も深い苦悩もない夢想的な世界だ。内面的とでもいうのか。いわば前者が描かれた絵を観ているならば、後者は何も描かれていない白い画用紙を観ている、という比較ができるかもしれない。

白い画用紙には観る者が額縁の中を想像するか、または描き入れなければ絵にはならない。

そんな〈魔法の黄色い靴〉こそが東京進出のための勝負曲だと考え、私が〈私の小さな人生〉を録音したときに担当だった東芝レコードの新田さんを訪ねるべく上京することを決意した。

## デモテープ～上京

〈魔法の黄色い靴〉デモテープを携えてアポもなく上京した私は、真っ直ぐに溜池にある東芝レコードに向かった。

一二月のことだったらしい。ぶ厚い汚いコートを着ていたらしい。

――何も記憶がない。周りが見えないほど切迫していたのだろう。

東芝レコード制作部の前でどのくらい待っていただろうか。何しろ新田さんにコンタクトするには直接訪ねるしか法がないのだからただ待ったのだ。

やがて彼は姿を現した。忙しそうだった。それもそのはず、赤い鳥、加藤和彦《かとうかずひこ》、はしだのりひこ等、ヒット曲を連発している著名なディレクターだ。先にリリースした〈私の小さな人生〉の時の担当ディレクターであったことは、チューリップにとって幸運だったといえる。

ヒット実績が生んだ彼の決定権の強さは、デモテープを聴いて直ぐ「よし、やろう！」と言った声に裏付けされていた。

チューリップが所属するに相応しい事務所、住むに相応しい環境などを彼は瞬く間に整えてくれた。

そして時代を摑む先見性はずば抜けていた。新田さんに別名があるなら〝革命児〟である。五〇年前のあの頃にイギリスやアメリカの音楽ビジネスを日本に根付かせ、同時にサウンド的側面にも造詣も深く、だからアーティストたちに信頼されニューミュージックと呼ばれるポップス新世代を作り出したのだった。

そういう訳で私たちチューリップは、やっと本格的にデヴューすることができた。故郷福岡をやっと飛び出せる日が来たのだ。

余談だが、若者のエネルギーは恐いほど大きくて強い。溢れるエネルギーの処理に本人が困るほどだ。自己の可能性を最大限に求めるためにまず自己を否定するという行為を始めたりする（あの頃の私がそうだったのかどうかはわからないが）。

さて、幼虫がサナギとなり蝶になって行くように、私たちチューリップは福岡から東京へ向かった。明日からとてつもなく広い空で羽ばたかねばならないのだ。福岡ではそれなりの人気バンドだったチューリップは、東京が見えた日に全く無名のバンドとしてゼロからの再出発をする決断をした。

# 外国のような東京

四七年前、札幌冬季オリンピックの年、チューリップという五人組のバンドの一員として私は福岡から東京へ行った。

当時、福岡から見た東京は外国のようだった。記憶が確かなら飛行機は一日に二便、夜汽車では一五時間以上かかった。

でも何より遠く感じたのは、都会と田舎という差だろう。東京に比べ新作映画の上映開始日は半年以上、服飾などの流行は数年も遅れていた。テレビでは目撃する流行だが、福岡市には流行を摑もうとしてもモノがない。モノが貨物列車でやって来たとしても、まだ受け皿がない人口八十数万の地だった。

もちろん福岡にもオシャレな人、オシャレな店はあった。ただその数なんと一～二。もし「オシャレな店は?」と福岡の若者一〇〇人に尋ねれば、答えは一〇〇人同じだったはずだ。

だから私は東京に行ってみたかった。しかしながら学業成績も人格形成度も自慢できない私である。モチベーションだけでは東京移住は実現できないこともわかっていた。残った選択肢はバンドというスタイルだった。

歌うって仕事は都合のいい代物だ。まず感性で評価されるという抽象的なところがいい。一般商品のように過去の統計を前提にした説得は効き目がない。売れるか売れないかの会議室での議論は実は無駄である。冷蔵庫や洗濯機とは違うのだ。誰もが必需品とするものでもないから、好きか嫌いかという原始的な判断だけで会議は終わり、最後に超能力者のような発言力を持った者が「このバンド売るぞ」の一言でバンドは世に出られる。

また、路上で大声で歌っていれば、そのうち「このバンド売るぞ」と殊勝な者がマネージャーを名乗り出る。いずれにしても多数決ではない。金脈を探すように熱情ある存在に出会いさえすれば、履歴書もいらないのだ。そして印象操作がうまくゆけば田舎者であろうがデヴューまでは漕ぎ着けられる。

自分たちのデヴュー後なんて考えちゃいられない。

なにせ田舎出身者、合理的な準備は行動を遅らせるだけだ。正誤の判断は後でいい。なにしろ、バンドの一員である私にとっても、バンドはさっぱり理解できない抽象画を観ているようだったからだ。後年、有名美術館の壁にこの抽象画は飾られるのだろうか？　そんな先のことを考えているヒマはない。

## 公開録音

一九七二年一月、シンコーミュージックと契約。

その月の一八日にはチューリップのメンバー全員が上京した。〈魔法の黄色い靴〉のデモテープ売り込みの日からたった一ヶ月後の出来事だ。

そしてさらに一ヶ月後の二月には、TBSラジオ第一スタジオに立っていた。上京後初ラジオ。公開録音だ。司会は確か桂三枝さんだった。

客の前では曲の前後に喋らなければならない。でも標準語ができない。福岡のときにはなかった喋りのプレッシャーだった。

第一声で思わず（思わずという単語はこんなときこそ使うべき）

「う、うんこ……」

と私は言った。

自分でもなぜ発したかわからない。

ただ、田舎者だとなめられたくないという気持ちがあった。「だからそれでなぜ〝うんこ〟なんだ?!」と問われても説明できない。

だからこそ、思わずなんだ、としか言いようがないのだ。

今でもこのことは私の田舎者ぶりを証明し続けている。なぜならこの日のトラウマを未《いま》だに払拭できていないからだ。

四八年間も東京生活をしてきたが、自分のことを東京に住む都会人だと感じたことはない。TBSでの事件が原因だと思っている。

ところで、〝うんこ〟という響きは色々な趣を生み出す。子供が好きな言葉でもある。人が、悪態をつくときに使われる。英語圏でも〝シット〟と呟いてストレスを吐き出している。〝ブル・シット〟と言って牛のふんまで引用することもある。

だからひとつ言えることは、あのTBSで行き場がなくなって吐いた私の言葉は、少なくともあのときの私にとっては救いになったということだ。仮に代替として〝ゴッド・ブレス・ユー〟とでも言えていたら、私の四八年間も違っていたのかもしれない。西洋人に生まれなかったことを恨むばかりだ。

とにもかくにも上京後初のラジオ公開録音は無事? 終わった。

ホッとし、後悔し、東京をひとつ感じたのだった。

これからどんな生活が待つのかという不安がよぎる。
〝うんこ〟発言はそんな不安を切り捨てる私の強気の表れだったのかもしれない。

# 東京印象

一九七二年一月の上京後からレコーディングを始めて、二月にはＴＢＳのラジオ公開録音に出演、三月には渋谷のジァン・ジァン（ライブハウス）で東京へ出て初めてのステージ。

教会の地下が劇場で、一〇〇人程度の客席数だった。アングラと呼ばれた小劇団も公演するような演者と客の距離が近い空間である。まだ目の前の通りが〝公園通り〟と呼ばれていなかった頃だ。

あの頃は、若者が時代を変えようとしていたのか、時代が若者に命じたのか、とにかく若者による新しい息吹があちこちで見られた。

現代もまた、ＩＴ産業の隆盛で若者の起業家が大きな成功を収めている。そんな今の若者たち、皆が明るく知的で大人びている。

でも四八年前の私たち若者は、対照的なほど暗く無知で子供じみていた。同じ若者でも時代背景が違えば大きく価値観も変わるものだ。でも若葉のように風に小さく震えても明日をこそ見つめる姿はいつの時代にも共通している。

憧れの花の東京は思ったより暗く、福岡より憂鬱そうだった。若い女性に眼をやると、ベルボトムのパンツにTシャツ。清らかで、素朴で、奥ゆかしいながらも華やかなはずの女性もヒッピースタイルでタバコ片手。そしてどんな話題にも持論を展開するスマート東京人だ。

「財津君、今夜オールナイトで鈴木清順の映画やるから皆で観に行かない？」

と、シンコーミュージックの女性ライター群からお声を掛けられることもあった。音楽雑誌〈ミュージック・ライフ〉の編集をやる女性だから特別プログレッシヴだったのかもしれないが、東京の女性は堂々としていた。力強く生き生きとしているけれど、学生運動の影響なのか、どこか暗く歪《ゆが》んでいるようにも感じることが多かった。

アンダーグラウンド、反体制、無政府主義、ヒッピー、オカルト集団、ドラッグの蔓延、独立精神など、福岡に住んでた頃には遠かった語が、東京へ行ってからは濃く迫ってくる気がしたものだった。

## あと一度チャンスをもらう

想像していたものとは違う暗い憂鬱そうな東京だが、文化意識以前に〝生活をする〟必要があった。チューリップはもともと問題意識の薄いバンド、田舎者らしいたどたどしさでヒットを目指せばいいのだ。成功したと思える日まで福岡を、故郷を、心の中から切り捨てよう、じゃないと里心ついたときに忍耐できない。東京人の意見を全面的に受け入れ、自分たちの意見をひとつ聞き入れてもらおう。その作戦がうまくいったかどうかはわからない。

ただ、こんなことがあった。デヴュー曲の〈魔法の黄色い靴〉がヒットせず、二枚目の〈一人の部屋〉もヒットしなかった時点でチューリップは崖っぷちに立たされ、次の三枚目はないはずだった。ところが最後のチャンスを東京はくれたのだ。それが〈心の旅〉のヒットとなった。

運がよかったと思う。田舎者の集団チューリップをどこか憎めなかったのではないだろうか。2DKに若者が五人も住む生活、売れるために事務所が提案する活動を嬉々として受け入れ励む、契約書を確認すらせず押印する、等々。

無一文で上京した我々は、真面目に細々と生きてゆくしか能がないのだ。そんな姿にあと一度のチャンスを与えようと東京は思ってくれたのかもしれない。

福岡—東京という距離は海外を見るように遠かったし、右も左もわからない都会での生活、いずれもが我々には不利な材料に思えたが、この遠すぎる距離とローカルチャーに育った田舎者の面倒をもう少しみてやろうという判断が東京にあったのなら、不利は有利だったともいえる。

何ごとも最後は人の心が決めるもの——。

この法則が作用したのなら、弱者は弱者で終わるものでもない。誰にもどこかにチャンスがあるものだと信じて生きてゆける。こう考えると、運とは人智を超えたものでもないようだ。

〝幸運の一端ならば握るすべもなきにしもあらず。「人事を尽くして天命を待つ」という言葉がある。そうなのだ、ダメ元でやる、己のスタイルで〟。——救う神より。

## 心の旅を作る

最後のチャンスとなった三枚目のシングル曲は〈心の旅〉とタイトルされた。

デヴュー曲〈魔法の黄色い靴〉、二枚目の〈一人の部屋〉に続く崖っぷちでのリリースだ。〈魔法の黄色い靴〉はメルヘン調だったが、ヒットせず、それではとリアルな肉感的な愛の歌を作ったのだった。しかしヒットせず。

実は〈魔法の黄色い靴〉の失敗は、私的、内的には失敗ではなかった。ヒット狙いで作った曲ではないからだ。背中を押されるように、抽選ガラガラから玉がポンと出るように生まれた曲だった。

ヒットに縁がなくても口惜しさはない。今でもコンサートで歌うとき、私にとっては垢のついてない曲とでもいうのか、生まれたての子を抱いている気分になる。でも〈一人の部屋〉はヒットすることだけを願い作ったのだから少し痛かった。

そして〈心の旅〉であった。

どんな曲がヒットするのかさっぱりわからない。でもヒットを出さなきゃ福岡へ戻される――。

私のなかで歌のようなものが生まれてくるとすれば、もう実体験を綴るしか力は残されてなかった。音を組み立てるのは多少の自信があったが、文字表現は不得手だった。音というものは既に饒舌で、言葉や文字を不要にすると思っていた。わかったような顔で言ってしまうが、音は言葉や文字が生まれる前から人のそばに在ったが、言葉や文字は人が生み出したものだ。そう考えるだけで音は神々しい。

ただし、音に詩が付くと、途端に音は詩に迎合して俗っぽくなる。素晴らしい抽象画が急に下手な写実画に変わるとでも喩えようか（拒絶せず溶け込むところが音のよさでもあるのだが）。

私なりに悩んだが、福岡から上京する時の恋の体験を描くことにした。体験ソングはトイレのドアを開けたままのようで嫌だったが、あらすじは考えずとも手中にある。

楽といえば楽だ。多少の脚色を加えながら私はメモ用紙に祈るように文字を置いていった。与えられた最後のチャンスと向かい合ったのだ。

## 心の旅のレコーディング

〝あーだから今夜だけは　君を抱いていたい〟

歌詞とメロディがほぼ同時に浮かんだ。男が旅立ち女が残されるという、美女と野獣の設定くらい常套手段ともいえるが、私的事実を語る訳だから、臆するものはなにもない。

レコーディング予定日前に充分余裕をもって曲は出来上がった。もちろん、何度か事務所担当者の意見を仰ぎ、修正しつつの完成だったのだが。

三曲目のこのシングルも一、二曲目同様、私が歌うべくマイクの前で声慣らしをしていた。

誰かが言った——。

「この曲は姫野に歌わせよう」

………青天の霹靂《へきれき》とはこのことだ。

寝耳に水とも。

やがて寝首をかかれた気分になり、下克上をと思ったが、四面楚歌であることを知り、戦意喪失。今後の日々を考慮して付和雷同を選択。自己壊滅的にアイデンティティ消去に至ることとなった。

姫野君も眼を丸くして驚いていた。なにしろリード・ヴォーカル経験は殆どないのだ。私は心の中でこう呟いた。

「あ、これでこの曲もヒットしない」

やがて姫野君の声がマイクを通して流れてきた。それを聴いた私は心の中でもう一度呟いた。

「も、もう完全に希望は絶たれた。福岡へ帰る準備をしなきゃ」

だが、レコード会社、事務所のスタッフの表情を見ると、なぜかそんなに暗くない。そしてレコーディング終了。チューリップのメンバーは皆無言だった。私に対して気を遣ったのか、それとも私同様に絶望感を抱いたのか、四八年経った今改めて聞いてみたいものだ。

結果は大ヒット。

姫野君の声は若い娘たちの心を摑んだのだ。

ヒットを生み出すスタッフのプロデュース力の凄さをまざまざと見せつけられた思いだった。

もし、〈心の旅〉を私が歌っていたら、と考えると恐ろしくなる。私のヒットさせようとの思いが曲に乗り移って嫌味な曲になっていたに違いない。

## 幸せというもの

チューリップの所属していた東芝エキスプレス・レーベルは団塊の世代アーティストがたくさんいた。

オフコース、アリス、トワ・エ・モア、赤い鳥、サディスティック・ミカ・バンド、杉田二郎《すぎたじろう》、シュリークスなどだ。多少なりともヒットを出したといっていいアーティストばかり。皆キラキラと輝いていて、新時代到来の予感がした。

一九七三年五月に〈心の旅〉はチャート七一位に初登場。

九月にはなんと一位にランキングされた。

嬉しかった。これで一生悠々自適の生活が保障されたと感涙した。

〝アメリカではヒット曲がひとつあれば一生食っていける〟という通説を信じていたからだ。

なんというアホだろう。

日本の音楽ビジネス市場の狭いこと、事務所に前借りしている金銭を返さなきゃいけないこと、楽器はメンバーの出費であること、五人が東京で生活していくこと、等を考えていくと貯金どころではない。

だが、有難いことに、その頃はまだステージで歌い演奏することの楽しさが何より勝っていた。ヒット曲が出たことで、より広く大勢の人に自分たちの歌を聴いてもらえるのだ。お金を払ってでも聴いて欲しかった自分たちの歌が、お金をもらって歌うことができるようになったのだからコペルニクス的転回、驚天動地である。

そう考えるとバンドとしては確実に前進している、悪くはないと思った。九州の田舎者は東京に来て初めて幸せをかみしめた。

つくづく思う、〝幸せ〟と感じる時点は平凡からどのくらいの距離なのだろう。

幸せは誰にも身近にあるのに気付かないもの、とは昔からよく言われる。だとすれば手を伸ばせば……の距離である。

いや、どこか違う。隣にあって手を伸ばす先の幸せは年老いた最終地点にあるのでは？（年寄りになったご褒美のひとつにして欲しい）あの時の幸せとは違う。あの時のそれは、遠くにあって何かを犠牲にしなければ得られなかった。まるで戦いに勝利するが如き、戦利品を得るが如き達成感だった。

手を伸ばせば得られるなんて、若さはそんな幸せは認めない。そしてこの幸せの隣には悲壮や孤独が潜んでいる。
あの頃私はきっと戦闘員だった。
決死の面持ちでギラついていた顔はきっと醜かったろう。

## 奇跡

チューリップ三枚目のシングル曲〈心の旅〉がヒットしてからは毎日が慌ただしかった。五人の共同生活は三箇所に分かれた。私が独居、後の四人は二人ずつ住んだ。若いとはいえ五人での共同生活はストレスフルだったから分散は嬉しかった。

音楽雑誌の取材は一気に増え、カメラに笑顔をの連日は辛かった。

今では、カメラに笑顔は嘘《うそ》でもした方がいい、礼儀のひとつだと考えるが、まだ二〇歳を過ぎたくらいの我々には〝笑いたくもないのに笑えないよ〟である。媚《こび》を売るようには見られたくないと思っていた。ビートルズが、アイドル路線から逸脱し、生身の人間性で活動したことから、アイドルは軽視されるようになった。

チューリップはアイドル路線を歩かされた。全国ツアーもスタートし、音楽記者が同行しての取材も多かった。

北海道での取材のとき、猛吹雪の雪原で五人は顔を寄せ合い笑顔をつくった。横からくる吹雪は大変だったが、任務を遂行すべく撮影終了まで楽しそうに振る舞った。

とにかくバンドを失うのが怖かった。せっかく手にした全国型の知名度を、アイドルになりたくないというだけの理由で失いたくない。歌う楽しさ、バンドの一員で演奏する歓びは捨てられるものじゃない。そして自分に言った。

「今日がどんな日でもいい、後悔してもいい、今日が明日になるのなら、そして明日ステージに居られるなら――」

大袈裟だが、私はあの頃何度もいわゆる〝魂を売る〟行動に出た。プライドをゴミ箱へ捨てた。

でも、捨てて初めて気付いたことがあった。

私のプライドは、捨てることを惜しむほどそもそも高位なものではなかった、と。

バンドは私にとっては夢の中で見るおとぎの国。幻想であり虚構なのだ。そのバンドがリアルな姿で生活のために社会で働いてくれている。なんという奇跡だろう。

バンド存続こそが優先であり、私の安っぽいプライドなどひき合いに出されるものではない。

ひょっとして私はプライドと称して、私の生き様をバンドを通して伝えようとしていたのかと思うと恥ずかしくなった。

〝何もいらない、バンドが健康なら〟――である。

# ゴジラはぬいぐるみだけになった

予想以上に音楽に携わる仕事は続き、従って東京生活も一〇年を過ぎた頃、チューリップは独立し事務所を設立した。

ステージの上のことはよく知っていても、一般社会人ではなかったから事務所運営が不安だった。周りの人たちに助けられてなんとか続き、もう三八年目になる。その間いろいろあった。一九八五年八月、チューリップから姫野、安部、ドラムの伊藤がツアー目前で脱退した。そのツアーには辛い思い出が多くある。

だが、それまでの道は運のよさに恵まれたと思っている。田舎者が東京まで出掛けて好きなバンド活動をやれたのだから、問題が発生しても幸せ中の不幸である。

オリジナルメンバーはなんと私一人になったが、チューリップはしばらく存続し、一九八九年に解散した（ベルリンの壁崩壊と同年！）。

それから八年後、一九九七年にチューリップは再結成した。

〝なぜ再結成したか？〟その説明に特筆する理由はないが、あえて言うなら重力に逆らうほどのエネルギーはずっと前に使い終えていたから、とでも言おうか。

看板は下ろされ埃《ほこり》被ったその店を久しぶりに訪れたかつての店の住人がやれることは、積もった埃を落としながら過去の日々を惜しむしかない。再結成だけど再出発じゃない。新しく挑戦するものは何もない。バンドを通して客席に向かって吠えるかつての自分の姿はもう生み出せないのだ。

ゴジラはもういないが、懐かしいゴジラの映画は残っている。喩えるならメンバーが「チューリップの映画観ようよ」と誘ってくれたようなもの。気楽に一緒に観ることにした。有難いことだ。

重力を力づくで押し上げ空へ舞い上がり、自分たちなりにバンドを通して見たものを形にしようとしていた若かったあの頃が懐かしい。今は軽くなった心が舞い上がり、何をするともなくただ俯瞰している。バンドを通して眼に焼き付けるべきものはたったひとつ、長い間コンサートに来場してくださっている客席の皆さんだけだ。

これを幸せと言わずに何と言おう。

## 2021の日記

05/26
先日初めていわゆるネット配信のテレビドラマシリーズを観た。映画なら二時間なのに一シーズン一〇時間前後費やすから食わず嫌いだったのだ。観始めるとやめられなくなってしまう。たまに駄作もあるが暇潰しには丁度いい。映画も配信の時代になって格段に画質がよい。映画館が遠くなる。

06/23
運転免許証の更新がやっと出来た。二月生まれの私は三月がその期限だったが、コロナ禍で延長が認められ、六月になったのだ。高齢者なので別途講習が必要だった。高齢者扱いを受けるとやはり少し哀しくなった。普段はやはり若いつもりでいるのだろう。

07/21
このところ曲作りで忙しい。自己満足程度で済ませられる曲はひとつもない。そこが辛いところ。大勢が聴くと思うと、よいとこみせなきゃ、となるから時間がかかって仕方がない。うまくいけばいいが、年寄りの冷や水にならないように気を付けなければ。

08/18

暑くて外に出る気がない。運動不足になっているだろう。配信で映画ばかり観ている。周りのリアルな煩わしさから逃げたいときに映画は魔法の絨毯《じゅうたん》だ。最近では「サラブレッド」が面白かった。新しい映画はやっぱりいいけど、古いものには子供心に覗き見た大人の世界を再確認する面白さがある。

09/15

出掛けたくてもマスク等の防疫対策が面倒でついつい家の内をうろうろ。でも気分転換にはならない。予定のコンサートは延期や中止で時間が余る。時間潰しを考えている自分に驚く。仕事はしたくないと呟きながらも結局仕事漬けに感謝？　だから東京⇅福岡の日々に感謝しなきゃ。

10/13

緊急事態宣言が明け、コンサートの見通しも立った。九月下旬に名古屋、十月初旬に奈良、滋賀。久しぶりのステージだったので緊張感も手伝ったのか、いつもより疲れ気味だった。

でも客席からの拍手で元気になる。有難いことだ。その後、金沢、富山と続いた。

11/17

故郷福岡のRKBラジオで週に一度喋らせてもらっている。友人と話すような内輪うけしかないので恐縮だが、私にはこの縁側トークが心地よいのでお許しください。さて、私のソロ・ツアーも残り僅か。来年は私たちのバンド、チューリップがデヴューして五〇周年。長い！　でも早い。

12/15

コンサートを一〇月七本、一一月四本、作詞講座三本、ラジオ収録、講演会、曲作り、諸うちあわせなど結構忙しかった。忙しくしていると、私もまだ社会と繋がっているんだと思える。一二月になると社会自体が忙しくなる。映画をたくさん観て正月を迎えようっと。

# 2022の日記

01/19
ソロのコンサート・ツアーが終了した。今回は二〇一九年から始まったが、コロナのせいで長丁場になった。すぐＮＨＫ「みんなのうた」のレコーディング入り。悪戦苦闘したが、こちらも出来上がった。ああ、一日ひとつのことしかできなくなったせいで若い頃より忙しく感じる。

02/16
コロナ禍になって初めて美術館に行き、ゴッホ展を観た。マスクで眼鏡が曇るけど、はずせない。絵に集中できないまま館を出た。このところマスクのせいで出会った人の顔が覚えられない。どんなマスクだったかはよく覚えている。眠るときもマスクするから慣れ過ぎて、マスクのまま珈琲を飲みそうになった。

03/23
我々年寄りバンドのリハーサル、いつもの福岡でのラジオ収録などで結構忙しい。東京―福岡間の新幹線五時間弱も長く感じなくなった。夜更けまでネット配信ドラマや映画を観る日々。地球は健気《けなげ》に回って季節を変えてくれる。
〈もういいか　ズボン下脱ぐ　春の中頃〉

04/13

チューリップというバンドが五〇周年ツアーを始めるからリハーサル等で忙しい。正確には気忙しい。ツアーもステージングも慣れてはいるけど、四七年ぶりにやる曲もあるからだ。こんなに高い音まで声にしてたのか、と自分の若さに驚く。仕方ない、二〇二二年まで歌うとは予想できなかったから。

05/18

たくあんを卵焼きに見立てて花見するという落語がある。貧乏を笑いに変える発想が面白い。満開の桜の下だからほのぼのとした情景が眼に浮かぶ。私は今年も横目で花見だった。ゴールデンウィークも仕事しながら横目で見た。かつてのバンドでツアー中、私の卵焼きは仲間たちだ。

06/15

チューリップの五〇周年記念コンサートを六月四、五日に東京でやりました。皆さんのご来場に感謝いたします。無事に終わってよかったが、すぐに長野、名古屋、福岡——と続く。脱東京は気分転換！　だが、到着後も結局ホテルに居るつまらない私。

07/13

六月二六日に長野で、七月二日、三日に名古屋でコンサート。長野は涼しいかと予想してたら暑い！　名古屋はもっともっと暑かった。外を歩けば刺さるような暑さ、屋内はクーラーの利きすぎで体調が変になる。若者はいつもどこもTシャツに半パンツ。羨ましい。

08/10

七月末に神戸でコンサートをやり、そのまま福岡入り。いつものように作詞講座とラジオ収録を果たす。盆前だからなのか作詞講座は十日間で三度も。その間に山口県光市で講演会。コロナで延期になっていたが、やっと実現。順調が何よりだが不順にはやる気が増す。

09/07
仙台、山形とコンサートだった。仙台で少し時間に余裕があり、珈琲屋を探した。片手に地図を持ったが、迷ってたまたま裁判所の前でキョロキョロしていたら守衛さんに叱られた。道を尋ねたら「スマホが連れていってくれる！」と再び叱られた。私よりおじいさんなのに凄い！

10/05
東京駅でおにぎりを買った。「お茶と、梅、鮭ください」。対応したのは六五〜七〇歳の女性。「お茶は温かい方がいいですか？」。老人同士ならではの気遣いに感激。「はい！」と私。車内で開包したら、昆布とおかかと冷たいお茶だった。客は私だけだったのに。不思議な出来事。

11/02
秋田でのチューリップ・コンサートを終えそのまま大阪入り。学生の作る詩と対面する。不安、自己否定が綴られている。若さには苦悩がつきもの。そして福岡へ、ラジオ収録の翌日こんどは作詞講座で大人の作る詩と対面。安定への感謝、懐古が綴られている。たった四〇年を隔てただけなのに。

12/07

年内のコンサート・ツアーを終えた。コロナ禍あり、体力低下ありのなかで大きな問題なく正月が迎えられそうで有難い。サッカー・ワールドカップ観戦が楽しくて寝不足になる。国の威信をかけて戦うのがサッカーでよかったと思うのは私の余計なお世話か。

# 2023の日記

01/11

正月は自宅でもぐらのように過ごすつもりだったが、孫が来てはそうはいかない。うさぎの警察のように孫の怪我《けが》防止でピョンピョン右往左往、階段を上往下往。ピョンピョンと言いましたが、正しくはヨロヨロ。仕事してたほうが楽かも。令和五年もよろしくお願いします。

# じじぃの大仕事

# 表現仕事をする人

なぜ、人は歌うのだろう？　語るのだろう？　書くのだろう？　描くのだろう？　踊るのだろう？

――理由はともかく、当然、それらの表現を受けてくれる人が必要だ。表現する人とそれを受ける人。

表現する者は不特定多数を前に自分を晒すのだから、相当の覚悟が要るだろう。露出趣味と顕示欲がなければ成り立たない。自分が感じたり考えたりしたことを「そう思いませんか？」と訴えている訳だから、かなり図々しいはず。

また、有能ぶりに酔っているところはお調子者の極みだ。だが、このお調子者はどこか可哀想だ。他者と違ってないと個性が発揮できないし、とにかく受ける側の拍手がないと何の取り柄もなくなる。なにしろ普通の人じゃないことをしているから、普通の友人は居ないし、同業の知人は友人に見えても競争相手だ。

表現者は「人はそれぞれだから」と言いつつ「人としてはこうありたい」とも言う。どこか矛盾を感じるが、誰か、たったひとりでも表現内容に共感して欲しいと期待するのは「人はそれぞれ」が前提にあるし、大勢が共感してくれたときには「そうそう、人はこうありたい」と言えば済むのだから一貫している。矛盾はしてないのだ。でも実は「人はそれぞれだから」と言うのは、「人はこうありたい」を言いたいがための布石なのである。自分の考えを主張したがるのが表現者だからだ。「君の意見を充分に聞こう、然し私の意見が最終的に正しい」と言いたい訳なのだ。これは個人主義を擁護しつつ、相手に劣勢を認めさせる全体主義的な方便でもある。つまり、矛盾した論理だ（笑）。何が言いたいのかって？　そうです、表現者は詐欺師のように屁理屈を言うのだ。「人はそれぞれだから」と唱えて自分の個性を正当化するが、「それぞれ」だけでは孤立するから「人はこうありたい」と共感を求める。表現者は受け手の心に依存するようにパラサイトしているとも言える。ゆきつくところ、表現者は生来の自己矛盾という〝心の闇〟の救いを求めているのだ。自己矛盾、詐欺師、パラサイトが別名とは、よほどのトラウマを抱えているのだろう。

人は、寂しいときには語りかけて他人と繋がりたい。ひとりよがりとけなされても表現したものを受け取って欲しい。付き合わされる相手は可哀想だが、人は独りで生きてはゆけない。このコラムを読んで、私の独り言に共感してくださる方はいらっしゃるのでしょうか？

「人はそれぞれです」には主張はあるけど繋がりはない。「人はこうありたい」には道はみえてるけど、自分の道かどうかがわからない。どうしたらよいのかわかりませんが、呟きは少なくとも健康によさそうです。私の偏見が作り出した道が、読者の皆さんへ繋がるなら幸いです。

# 海と山は対等か？

〈海を見に連れてって〉とは歌のなかによく出てくる女子の台詞だ。

男子も〈海を見に行こうね〉とか〈海を見ようって約束したね〉など、歌詞に登場する人物はよほど海が好きらしい。日本は海に囲まれているから、身近に感じる海ではある。

海を見に行くという動機には、普段はあまり海を見ていないという前提があると思われる。だから海の見える所に住む人、まして漁師なら海を改めて見たいなんてことはないはず。こんな歌詞を作る人は、海岸から一〇キロメートル以上は内陸に住む人だと想像する。

つまり、山ならいつも見ている。

だから〈私を山を見に連れてって〉とは書かない。

だったら海岸付近の作詞家が〈私を山を見に連れてって〉と歌詞にするかというと、どっこい書かない。

世間では〝海や山への行楽シーズン到来！　あなたは海、山、どちら派？〟などと謳い、ふたつは対等のようなのに、不思議だ。

ユーミンが主題歌を歌った映画「私をスキーに連れてって」やメジャーリーグで歌われる〈私を野球に連れてって〉という曲があるが、これらには〝そこへ赴きそれをする〟というはっきりとした目的がある。

でもここでの女子は、何かを為《な》したい訳じゃない。むしろ何もせず海を眺めていたいのだ。しかも山では満足できなさそうだ。

うーむ、山より海に人を惹きつける何かがあるようだ。

山の頂上を人は目視、訪れることさえできる。だが海の最も深い底へは誰も到達できてない。この神秘性に惹かれるのか？　眼の前が大きく広がる開放感がストレス解消してくれるのか？それとも人類の祖が海にあるからか？　はたまた、海には海抜と呼ばれる山の高さを決定する標準値ゼロがあり、山は海の副産物のような存在だと軽視（誰が？）したためか？

ここまで親切にも多様な意見を尊重し代弁してきたが、私の解答はこうである——。

〈海へ連れてって〉という歌詞を書こうとした作者の頭には、登場人物が水着と浮き袋とストローしゃぼん玉を用意している図はなかったはずだ。悲哀のなかをもっと漂いたい、自身を見つめ直したい、希望を摑みたいといった人物像だったはず。ということは仮に山を見たくても登る気にはならなかったはず。できるなら今居る標高より低い方へ移動したいと（歌詞にはないが）考えたはず。疲れてるんです。

彼女はひとりでも行けた海なのに、パートナーに連れてってと頼んだ。

これは「海を見ている私の心をあなたは見るのよ」と言いたいからだ。

彼女の心事情を感じて男は〝グッ〟とくる。山だと〝グッ〟とこない。彼女の健康美を想像して〝ピョンピョン〟したくなる。ピョンピョンしたいときには〈山へ連れてって〉が歌詞に似合う。

## なんちゃって作詞講座

自分でも謎だが〈作詞講座〉なるものを開いている。

音に関わるものには多少詳しいが、作詞については音ほどの自信はない。ならば聴講者に失礼だろう、の声はもっともだ。でもやっていると楽しいからやめられない。

それにメッセージは音より言葉での方がいいときがある。

ところで共感覚という言い方がある。ある色、形、音などを体感したとき、〃あ、うん〃の呼吸で同じ感覚を共有できるのだ。知らない者同士が、例えば黄は、青は、紫はそれぞれ地上から何センチのところに在る色だ、と同じ反応をするという。

音も然り、この音程は甘い、硬い、などと感じるから、多くの人が音を媒体にして仲よくなったりする。そしてとても身近に、言葉という媒体がある。人は朝から晩まで毎日絵を描いたり歌をうたったりはしないが、言葉を使って喋りに喋る。

言葉は相手に伝わり易い。直球だと一〇〇%、変化のさせかたがうまいと、より深い味わいを受けとってくれたりする。

絵や音は私たちに暗示を与え、やがてそれは言葉に変換されてゆく。芸術家もまた、出会った印象的な言葉を絵や音に変換させて作品化する。普段何気なく使っている言葉だが、いわば扉を開けるときに手をかけるノブのような役割を果たしている。

息子が難しい年頃に、私は思い余って「父さんはおまえが大好きだ」と彼に言った。美術や音楽を介して互いの心を知ることもそれはそれで意味のあることだと思うが、あのときは正に言葉の力に助けてもらったと思っている。

最近の曲作りでは詞を先に作っている。詞に着目して言葉のもつ影響力をもっと知りたい。何気なく口にする普段の言葉だが、伝わり易いだけに責任もメロディより大きな気がするからだ。もちろん私は責任はとらないが、作詞講座は予定通り行われる。

あるメロディを「このメロディは〝おはよう〟を意味している」と言っても共感覚を得る人は少ないが、「言葉にメロディが付くことを思っておはようのコンセプトで作詞しよう」と言えば〝私も参加してみよう〟となってくれるのではないだろうか。

どこか興味本位にみえる作詞講座にもよいところがある。作詞する人それぞれにそれぞれのメロディがあるからだ。

## ヒット曲とは

ヒット曲や名作が生まれる理由はわからない。

駄作が生まれる理由もわからない。

ただ、曲を制作する側はわからないが、大衆は直ぐわかる。よし悪しを一度聴いたら判断できるのだ。

制作側は発売まで何度も聴いているはずなのに。また、「こんな曲売れるか⁉」と言いながら発売したいちおしの陰だった曲が大ヒットすることもある――

かつて〝B面ヒット〟と呼ばれるものがあった。CDがまだレコード盤だったから表裏があった。表がA面、いちおしの曲。陰の存在の裏B面が口コミでヒットするのだ。

例→〈学生街の喫茶店〉（ガロ）、〈さらばシベリア鉄道〉（大滝詠一《おおたきえいいち》）、〈ラヴ・イズ・オーヴァー〉（欧陽菲菲《オーヤンフィーフィー》）。

ヒットする曲には歌詞のよさはもちろんだが楽器の力もある。

ピアノは雨から、ヴァイオリンは風から生まれたと考えられる。日本ではそれぞれ琴であり笛であろう。

因みに、太鼓は雷鳴、管楽器は獣の声や洞窟での音から発想されたはずだ。狩猟民族も農耕民族も自然の音に囲まれ生きる糧を得てきた。風雨は収穫量を左右したことだろう。やがて音は音楽となってゆく。自然に代わってヒトが音を作りヒトに聴かせるのだ。雨の日の思い出をピアノが代わり、風の囁きが欲しいときにはヴァイオリンが。

楽器の響きは聴く人の心を動かす。その魅力的な音色を生み出すプレイヤーと、その音を録るエンジニアの感性もまた音楽には欠かせない。

様々な要素がうまく組み合わさってヒット曲が生まれるのだろうが、ここ六〇年くらいは映画音楽など、楽器だけの曲はヒットしなくなった。人の声が聴く者の心をより動かすようだ。肉声、パフォーマンスが直接的な刺激になっている。歌詞も、かつての形式詩然としたものより日記風なもののほうが好まれる。これは、曲の世界が遠いところから身近なところにやってきたことを意味している。楽器だけの曲やかつての歌には聴く者の想像力が必要だった。

テレビ時代になって、眼前の映像の出来事には想像は要らなくなった。子供の頃ラジオの前で〈リンゴ追分〉という歌曲を聴いた時に想像した〝リンゴの国〟はもう消えた。

## ダジャレとリズム

私の自慢はダジャレだったが、この時代もうその価値は失われた。スマホのワンタッチで同音異義語がいやというほど出てくるからだ。

くだらないと周りから言われても、長い間私はダジャレを連発してきた。〈空腹なのは体空《カラダカラ》ダカラダ〉とか、A軍が攻める先のB軍の城門が閉められたとき、A軍なのに「アイタッ!」と言ったとか、それでもB軍の城門がこじ開けられたとき、B軍なのに「シマッタ!」と言い、A軍なのに「シメタ!」と言った、とか。

自信作は数多くあるが、もうこの貯えも情報のインフレ下ではゴミ同然になってしまった。だから人前では口にしないようにしているが、独りで散歩しているときなどは習慣が抜けないのかつい言葉あそびをしてしまう。

実はそれが韻を踏むのに少しは役に立つ。欧米の歌曲では韻を踏むのが当たり前だ。日本の歌曲では子供向けで接することが多いが、大人向けでは少ない。韻が踏まれるとリズム感が出て、いわゆるノリがよくなる。そもそも欧米に比べてリズム感が重視されない日本では、ノリは必要ないのかもしれない。

田植えなど植物栽培が中心の生活では、狩猟民族のように細かく激しい動きはたしかに求められない。日本人はリズム感が悪いと言われるのは、そんなところに起因しているのかと思う。でも最近、若い日本人は優れたリズム感を備えたようだ。かつては行進曲のように二ビートか、レゲエのようなシャッフルリズムで○○音頭と呼ばれる曲しかなかった日本の歌曲が、今や八ビート、一六ビートで作られている。

終戦直後に生まれた私は、ホントに驚いている。幼い頃から「風雲黒潮丸《ふううんくろしおまる》」「赤胴鈴之助《あかどうすずのすけ》」「月光仮面」「少年ジェット」など、どれも戦時下の軍歌と同じリズム型式を聴いて育った（「鉄腕アトム」はなぜか八ビート。作品よりかなり後にテーマ曲が作られたせいなのかもしれない）。だから日本の若者がリズム感よく歌曲を制作する姿がとても嬉しい。彼らは幼い頃から八ビートや一六ビートに接し、身体に刷り込んだのだ。演歌が古くさいと感じるはずだ。

歌詞よりリズムで歌曲を味わうことはいいことだ、ずっと日本になかった歌曲価値だから。でも、ここまで来たからには、そろそろ歌詞の重さにも気付いて欲しい。このところの若者の歌曲には魅かれる歌詞は殆どないよ～。

さて、私たちは中途半端世代。〈男子厨房に入るべからず〉で育てられたが、現在〈台所仕事手伝いなさいよ！〉と叱咤《しった》を受ける。リズムも家庭環境もとにかく進む。私のダジャレも韻のためにひるまず進むつもりだ。

## ヒットする曲しない曲

曲作りは不思議だ。

私に限って言えることかもしれないが、ヒットする曲にはある共通点がある。そしてヒットしない曲にも共通点がある。

ヒットした曲が出来たとき、どうやってモチーフがやってきて、どうやってその先に進んだかを私は覚えていない。〝私でない私が作った〟のだとでも言うべきか。

とにかく夢の中の出来事のように、あるいは誰かの命令のように反論もできずただ従っただけである。読者に変なヤツと思われても仕方ない。だからヒットした後にいつも「ラッキーでした」と感想を述べることになってしまう。決して謙遜から言ったことはない。宝くじに当たった気分で答えるのだ。有難いことにヒット曲が数曲あるが、どの曲も作った時に私はいない——。これが私のヒット曲の共通点だ。

反対に、ヒットしなかった曲はどれにも、〝私が作った〟という意識が残っている。懸命にもがき苦しみながら、私の音楽知識と市場の嗜好、傾向を加味して作り上げた。ヒット曲の生まれた場所が見ず知らずの桃源郷だとしたら、ヒットできなかった曲は私の仕事場、歌曲工場と言えよう。まるで物品を作るように、出来上がった製品の輪郭や手触りまで計算しているのだ。どこにも欠点は見つからない。〝現時点での秀作だろう〟と自信たっぷりでも、なぜかヒットしない。

この経験から私はある神秘的な結論へ至った。

〝大衆には歌曲の中に魂のようなものを見つけ出す力がある〟ということ。さらには人と人の間を行き交う〝気〟のような存在が、その力にひと役かっている。

人は嘘っぽいものを嫌い、魂の入ったとでも言うべき作品に感銘する。作品が着込んだ服ではなく、その中身の肉体に触れようとする。服ばかり着飾っても魂の宿らない肉体には誰も興味を抱かない。

――私のヒットしなかった曲たちは、どれにもそんな共通点がある。

# アスリート

〝隣の芝生は青く見える〟という喩えがある。

ないものねだり。歌の世界にいる私だが、変われるものならアスリートがいい。なったらなったで大変なのはわかっているつもりだ。芝生は順目で見ると光の反射で白く映るので、青々と映るのは芝の逆目から見ているせいかもしれない。まあ、細かいことはおいて、隣の芝生なのだから、好き勝手に語らせてもらう。

まず、アスリートは
①運動不足じゃない。鍛えられた肉体がカッコいい。
②目標にする試合があって、結果が全てだ。メダルがとれなければ自分の実力を知ることになり、翌日には新しい目標が生まれるから挫折と再起がわかり易い。
③運動の過程で習得したのか、言葉にも贅肉がなく、すっきりとスガスガしい。
これが私のような職業の場合、①は運動不足でだるい眠い。肩凝りだらけ。②目標はあるが

仮に結果がダメでも自分のせいにせず、音楽や歌を受け取った人々のせい、あるいは時代のせいかもしれない、と他人のせいにすることもできる。③は運動をしないせいで姑息になったのか、口からでまかせに歌っても喋ってもなんとか繕えばOK。結果が全て（なぜかここだけはアスリートと同じ）。

アスリートの努力には頭が下がる。パフォーマンスのために禁欲的に己の肉体を改造すべく日々闘う。

私もパフォーマンスのために準備をするが、厳しい日々はない。今の自分を超える新しい自分を私も誰も望んでいないからだ。

アスリートはもう一人の自分が今の自分を超えることでアイデンティティを得るが、客席が望むのは私が新しく生まれ変わったり成長したりすることではない。〝あの曲を歌うこと〟だけである。美味しいカレー屋の味が変わって欲しいと願うものは誰もいないだろう。悲しいかなその味（声）が衰えてしまうのだ。美味しくなくなったカレー屋は客に見捨てられて終《しま》いだが、アスリートにとっての客とはなんとアスリート自身だから、客（本人）が見捨てない限り本人は活きている。

つまり、アスリートは自己の魂に生きていて揺るぎなく、私は人様の心次第で生きていて揺らぎ続けている。アスリートはほんとにカッコいい。

# ビートルズは雑草か？

街ですれちがう人たちが羨ましい。春は風が気持ちいいから、容姿端麗な女性ならお洒落な通りを颯爽と歩くのは気分がいいだろう。薄手のスカーフなどが揺れていると、つい振り返りたくなる。

この歩道を往《い》く彼女が「颯爽と」なら、振り返り立ち止まっている私は「雑草と」である。雑草も先っぽが風には揺れるが人目につかない。

仮に人目についても「ああ、雑草が、雑草が風に揺れている！」と三流詩人が口にするだけで、殆どの人は踏み潰しても気にしない。まあ、そこが雑草の気楽なところ、見られるより見る側の方が呑気でいられる、と自分を鼓舞して気分を高めるしかない。

俳優やモデルになるのにはやはり生まれもった体形のカッコよさが必要。でも最近では個性も重宝されているようで、商業用ポスターにはかつて登場しなかったようなモデル像を見かける。

たしかに商品に対して生き生きとした感じを覚える。クリエーターがモデルの背後から「これが新しい時代だ！」と訴えているようだ。カッコよくないものはカッコいいものだと言わんばかりであるから、モデルにはなれないと思ってた人にも勇気を与える。雑草はずっと気楽さだけしか売り物にできなかったが、「颯爽とした雑草になれるかも」なのだ。

私の世代で言えば、ビートルズはこれに当たるのかもしれない。リバプールで無名だったバンドが世界を席巻したのだ。ルックスもいいとは言えない。メジャーのレコード会社のオーディションには落ちた。あの頃なら落とす側の判断もわかる気がする。だって雑草にしか映らなかったはずだから。

そのメジャー・レコード会社はビートルズの力を見抜けなかったから、経営問題に発展して役員の多数は憂き目にあったらしい。どんな曲が売れてどんな曲が売れないのかなんてわかるはずがない。

よい曲がスタンダード曲になるのは予想できるが、爆発的に売れる曲はこれからもずっとわからない。いつ、次のビートルズが出現するのかは神だってわからない。神ならわかるって？そうかもしれないが、私にはビートルズの出現は、神のあずかり知らない事項だったのでは？と思えてならない。

我々を創ったのは神らしいが、この人間という生き物については、ちょっとだけ手抜き感がある気がする。神もいろいろいるようだ。そのなかの身近に存在する神に限ってだろうが、我々のことを失敗作だと思っているに違いない。

ビートルズの出現を神の業とみるか否かには答えはないが、私には、ビートルズが私の神を超えていた以上、ビートルズは神の業ではない。

## ギタリスト安部君の思い出

チューリップはバンドだから、音楽生命は短いのが当然だとデビューした時考えた。それが今、五〇周年ツアーで全国を巡っている。夢のような話だ。

バンドは小回りがきかない。たくさんの楽器を持ち運び、五人（我々の場合）もいるからステージも狭くては無理が生じる。マイクだって何本も必要。交通・宿泊費も五倍かかる。だからといってギャラは五人いるから五倍もらえる訳じゃない。賢いビジネスマンならバンドを商品にはしない。

でもバンドがこの世から消滅することはないのだ。簡単に言ってしまうが、ソロのアーティストはいわば〝神〟である。カリスマ性が裏付けして客席を魅了する。対してバンドは〝人間社会〟だ。チーム、共同体としての悲喜こもごもが生まれる。客席はそれを観て、仲間のように感情移入してしまう対象なのだ。

好みはそれぞれだが、神と繋がろうとする縦の関係より、人と繋がろうとする横の関係こそに興味を注ぐ人は多い。だからバンド好きは聴く側だけじゃなくバンド提供側にもたくさん居て、費用の問題を脇目にバンドの楽しさ追求に走ってしまうのだ。

そんな心理も作用してか、バンドという若者専用という語も浮かぶ。バンドは社会人になる前の、ただ人として生きる時間であり、自由な表現ができる——こう書くとロックを定義したようでもあり青春を定義したようでもある。バンド、ロック、青春、ただ呼び名が違うだけで同一のものかもしれない。ソリストとしてより、仲間と居た方がきっと私も嬉しかったのだろう。

楽器や歌うことを通してチューリップは生まれた。そこに今は亡きギタリスト安部君がいた。風来坊の私はよく彼の家へ押しかけては泊まった。嫌な顔ひとつせず迎えてくれた彼だった。昼頃眼覚めて襖《ふすま》を開けると、そこに鯵《あじ》の開きが焼かれた二人分の朝食が置いてある。安部君の母様は仕事で居なかった。若かった私は、ただ空腹を満たすためがつがつと食べ終わった。子の友人にも並べてくれた母様の思いがようやくわかったのは、私にも子が生まれてからだ。あの鯵の開きの味は、これからもずっと忘れない。

今回のステージでは、安部君が弾いていたギターの個性的な音色や弾き方などをできるだけ再現しようと、現ギタリストの尾上《おのうえ》君が親切にも究めてくれている。客席の皆さんは喜んでくれているのではないだろうか。アマチュア時代を経てプロとなり、ずーっとステージで一緒だった安部君、今も私は面白くない冗談MCで客席をシラけさせているけど、いつも助け舟のように大声で笑ってくれたね。そのときキミを窺ったら顔をクシャクシャにして嬉しそうにしてくれていた。鯵の開きとキミのクシャクシャの顔をステージやる度に思い浮かべているんだよ、ボクは。

## 悪役のせいで地球の危機になるのは困るけど、あのスーパーマンだって楽したいのではなかろうか？　そもそもの話、悪役だってトラウマが作り出したのだ

猫に「ゴハンあげるね」と言って忘れていると猫は「フニャオー」と言って催促するが、人は「お茶淹れましょ」と言って忘れられても我慢して催促しない。だからモヤモヤ不穏が生じる。だから疲れるのかな。

さて、人は受験する。人生に何度か訪れる試練だ。進学は勉強を、就職は企業に機嫌を損ねないよう対策を重ねて試験場へ臨む。合格すれば嬉しいだろう。でもそれも束の間、その幸福感を思い出せないくらいまた労苦が始まる。逃げれば白い眼で見られ、頑張れば自分への負担となる。

かつて私がテレビの番組に出演したとき（四〇年程前）こんなことがあった。〝一二月三一日の最終電車に乗ってみる〟という試みである。ローカル線だから当然のようにガラガラだったが、一組だけ乗客がいた。小学生の男の子とその母親だった。番組の性質上声を掛けてみたら、中学受験のための塾帰りとのこと。私は驚いて、

「え〜！　この大晦日の最終電車に乗らなきゃならないほど勉強しなくていいんだよ」

と言おうとした矢先、テレビスタッフの女性がマイクを彼に向け、

「勉強、頑張らなきゃダメよ〜」

と鼓舞した。

違和感があったが、私は言葉を飲み込むことにした。私の言葉が彼に歓迎されるのは彼が「こんなに勉強したくない」と強く反撥しているときに限られるからだ。親子共々、目標達成のため心さえ一致団結しているのなら「頑張れ！」が妥当だ。でももし彼が束縛に苦しんでいるなら、と私の胸にはモヤモヤが残った。思い込みかもしれないが車内燈の鈍い明かりの下で彼の顔はやつれて見えた。

彼は現在どうしているだろう。もうすっかりオヤジのはず。残りの人生計画などして日々笑顔で過ごしているかもしれない。お節介だと思うが、彼の心のなかに勉強の無理が祟ってなければと願う。

音楽人を目指して幼少期の教育に苦しんだという人物をたくさん知っている。音大に入学できたとき、音楽人になったとき、幸せ感は得られるかもしれないが、過程に無理があったのなら、心を鎖で巻かれたような苦の意識が残っているのではなかろうか。

こんな私のセリフにお気楽感があるのは否めない。鎖で縛られていようと、かごの鳥状態で

あろうと、現実の厳しさの前では正しい犠牲なのだと考えるほうが逃避的ではないだろう。蟻とキリギリスの訓に照らせば、蟻に軍配が上がるのがこの世である。そして、若いうちに鍛えておかないと脳も身体も元来備えているはずの力を発揮できなくなることも事実。苦しまない選択で今を生きようなどとキリギリスおじさん（当時の私の年齢に由来）は、彼の小学生に伝えなくてよかったとつくづく思う……。

でもでもでも今も、もし伝えていたらどうなったのだろうと時々考える。

人だけが人とは思えない離れ技に挑戦し、目撃した人々は感動し憧れ拍手をおくる。猫とは思えないスーパー猫を目指す猫がどこかに存在するのなら私は愚か者だが、知る限りみかけないので言わせてもらう、だから猫は幸せなのじゃなかろうか。今日、帰宅したら猫に訊いてみよう。

# じじぃが愛す故郷と動物

# 犬って

猫や犬は表情がないとずっと思っていた。

実は猫にも犬にも感情の動きが結構あって、最近それがよく見てとれるようになった。

話をすればよく耳を傾けている。褒めれば嬉しそうな顔をするし、怒ったら人と同じように顔が曇《くも》る。眼は心の窓と言うが、まさに彼らの感情は眼に表れる。そんな眼を見たことのある人ならもう元には戻れない。元とは人より格下の存在として見ていた頃のことだ。

〝犬より劣る〟とか〝犬以下だ〟とか、数十年前まで人はよく口にした。〝犬のように尻尾を振る〟は尊厳を持たない信念のないダメな奴の行動のことだった。

そんなこと普通に口にしていたなんて、今は信じられない。犬の行動は時として人より立派なことがある。飼い主が雪の中で凍えていたら一晩中抱いて暖めたという事実をいくつか聞いたことがあるし、逆に私がストレスフルの時に犬を抱きしめて何度も癒されたことがある。

「ありがとう」と言うと、優しい顔になって尻尾を振る。犬が尻尾を振るのは相手に親愛を伝えるためで、決して信念を曲げているのではないのだ。

むしろ犬の魂は人のそれより高いところにあるのではないか、と感じるばかりだ。

DOGを逆から読むとGODになる。英語圏の人々は犬の神々しさを昔から知っていたのだろうか。私には、DOGは神の使いなのだとのメッセージに取れるのだが。

人はペットを家族のように大切にするようになった。よいことだと思う。ペットと一緒に暮らした人は、恐らくペットが人と共存してくれることへの感謝を知っているだろう。人間社会は言語を使って周りの人たちとの関係を成り立たせているが、そこを生き抜くことの大変さは誰もが感じている。

でもペットとは言語で会話しない。だからよいのかも。黙って愚痴を聞いてくれる。ペットへの愛の告白もこちらの好きなだけできる。伝わっていると永遠に思いつづけられる。後日になってペットが「告白されたけどあなたの愛は受け入れられない」とは決して言わないからだ。

# 猫って

猫を羨ましいと思う人は多いだろう。

猫好きの人の殆どは、猫に嚙まれても爪を立てられても猫を嫌いになるどころか、愛の証のようにとらえている。猫の魅力は不思議で面白い。

犬がヒトと同じ屋根の下に居るのはわかるような気がする。明確な上下関係のもと、犬は主人のために眼に見えて尽くしている。呼べば来るし、外敵から主人を守ろうと必死だから、そりゃあ可愛いだろう。ヒトの中に犬のような存在を探してもいそうにない。犬の存在は貴重だ。

でも猫は主人のために眼に見えて尽くさない。呼んでも来ない、来客があるとどこかに隠れて出てこない。抱っこしてもすぐ下ろせと嫌がる。机仕事をしているとペン先に横たわって邪魔をする。夜行性だから寝ているヒトの横で起きろと〝ニャアニャア〟言う。気配を感じてふっと振り返ると、じーっとこちらの眼を見ている。これがヒトだったら、眼が合ったらスッとはずすが、猫は、はずさない。気まずくないのだ。ガン見し続けるのだ。

猫はまた、首周りを撫でられるのが好きだから、たっぷりやってやると嬉しそうに「もっと」と言わんばかりに首を突き出す。こちらも嬉しくなってもっと喜ばせようと背中の方まで手を伸ばすと、急に怒り出してどこかへ行く。もちろん首周りの礼はない。

だから、猫よりも犬が考えていることの方がわかる気がする。ヒトが他人に求めたいものを犬はもっている。忠実さ、節操、家族への気遣いなど。これらはヒトが理解できる概念だ。代わりに猫にあるものは確かな自由だ。気まぐれと言われる生態がその証だ。ヒトが自分自身に求めたいものを猫はもっている。

私たちの社会はどんどん便利になってゆく。昨今は年寄りにも過ごし易くなってきた。健康であれば束縛のない気楽な日々を送れていると言える。

でも「自由か？」と訊かれて直ぐ「イエス」と答えられるだろうか。ではどこが不自由なのかと訊かれても「ここだ」と即答できる訳でもない。だが言えることは、猫を見ているとなぜか〝自由で羨ましい〟といつも思うということだ。

## クロとの思い出

現在、私の家にペットは猫一匹だけである。

これまで数匹のペットの死を見届けてきた。

犬や猫は一五～一六歳で他界する。多くは〇歳で家に来たから、彼らのいくつもの一生を見てきた。どの犬も猫も可愛いが、やはり寄り添った時間が長いペットほど思い出に残っている。

〈クロ〉という名の猫がいた。短毛の茶色だが、尻尾の先が少しだけ黒く、だから〈クロ〉だった。オスだから、まだ私の掌の大きさしかない時から元気いっぱいだった。

成猫になってから、ますます元気に拍車がかかり、鋭い牙で何度も噛まれた。爪痕は私の腕に今も見える。この傷はクロと暮らした証なのだ。これが他人から受けた傷なら、見る度に腹立たしく復讐の念を抱くだろうが、クロからの傷は愛おしいと感じるばかりである。

――と、ここで吐き気を催した読者へ↓先に進むと私の深い猫愛に悪寒を伴うこと必至なので注意です。

ある日クロへの愛が高じて、嫌がるクロの気持ちも無視して顔に顔をスリスリすると、私の耳の辺りで何かが弾ける音がした。

〝プチンッ！〟クロは私の腕から飛び出してどこかへ駆けていった。

少し痛みを感じ始めたとき、ポテポテッと膝に血が落ちて来たからびっくり。鏡に映すと、左の眉をどうも深く噛まれたらしい。ハハハ、笑うしかなかった。

クロが一〇歳を過ぎた頃だった。糖尿病と獣医に診断され、それからのクロは私にインシュリン注射をされる日々を過ごした。痛がるので餌を食べている隙をみて針を刺す。

そんなことが一年程続いただろうか。やがてクロは日に日に弱っていき、いつか歩かなくなった。食べない飲まない日が四〜五日。私の覚悟はできていた。

晴れた日、寝たきりでミイラのようなクロが突然立ち上がって、四〜五メートル離れた私の方へやって来た。

一分間ほど膝元にいてフラフラとどこかへ行った。

今日は体調いいのかな、と思っていたその一〇分後に見つけたクロは死んでいた。

あれから七年が経つ今も、クロが別れを言いに来たのだと信じている。

# くまの死

末っ子の私は弟が欲しかった。

代わりと言っては何だが、飼っていた犬がいた。〈くま〉という名だ。

一九五〇年代前半の頃は、頻繁にたくさんの野良犬が保健所に捕獲された。そもそも家にはオスとメス二匹の犬がいたのだが、メスの方はある朝いなくなっていた。

母は「保健所に連れて行かれたのだろう」と言った。犬は放し飼いが常識の頃、少し遠出した犬を野良犬と判断したのかもしれない。

残ったオスの犬が〈くま〉である。犬なのになぜ〈くま〉なのか？　名付けたのが誰かは知らないが、理由は知っている。黒っぽい毛がフサフサとして、顔も熊っぽいからだ。

私が中学生の時に〈くま〉は死んだ。

学校から帰宅すると、母が縁側で後ろ姿のまま、「くまが死んだよ」と言った。

そのまま振り向きもせず、彼女は編み物を続けた。

私は〈くま〉を見に行った。いつもは（帰宅したボクに）尻尾を揺するのに、写真のなかのように動かなかった。

大人たちが「犬の鼻先が乾いていたらもう終わりなんだ」と言っていたのを思い出し、鼻の先に触れてみた。捨てられたタイヤのように干からびていた。

しばらく顔を見ていたら、「スコップはそこにあるよ」と母の声が聴こえた。

小さな庭のどこへ彼の墓穴を作ればいいのか私は悩んだが、風呂の焚き口のそばを選ぶことにした。

〈くま〉のサイズの穴を作って彼を埋めようと抱き上げた時も、埋めた後も、思えば死んだ彼を初めて見たときも私は泣かなかった。〈くま〉の死を七一歳の私は泣きながら書いている。

悲しみというものは死によって生み出されるということを経験的に知ったからだろうか？

あのとき死というものがどういうものなのか、少年の私には未だ理解できなかったのかもしれない。

悲しむべきものなのか怒るべきものなのか、それとも溶けてゆく氷を眺めるように過ごすべきなのか。

別れは辛くて悲しいもの、そしてそれを積み重ねることが人生なのだ、と少年だった頃の私に伝えたいものである。

## 福岡節

私の故郷は福岡。このところ仕事の関係でよく訪れている。五〇年前に東京へ移住したから福岡の変化に驚いている。でもずっと変わらないものもある。

そのひとつがタクシー事情。私の体験からだとタクシーに乗ったら九五％の運転手が客に話しかける。嘘じゃないです。とりあえず（会釈がわり？）トップ・ニュースの時事ネタで口を開くことが多い。

そこで福岡節が炸裂《さくれつ》するのだが、まず喋り出すのは運転手自身の所見だ。彼の価値観で判断された、つまり独断が前置きもなく主語もなく始まる。

例えば、

「可哀想やったね〜、いかんよあげなことしたら！　急にはいかん、対処できんもんね〜」

いやいや、対処できないのは客のほう。誰が何をして誰が困っているのかさっぱりわからない。訊けば、ウクライナ問題のようだったが、福岡っぽいと微笑ましい。

福岡人は昔から相手の意見を聞く気はない。自分の感想をそばに居る者にのびのびと語る。この屈託のなさや堂々とした語り口はなぜだろうと考えてみた。恐らく〝独り言〟が音化しているのではないだろうか（笑）。だから頭の中にある言葉が真っ直ぐ出てくる。寝言みたいなものでもある。聞き手を必要としない。なのに聞き手を否が応でも巻き込む密室ならではの空間。そんな彼だから、決して周りを困惑させているとは少しも思ってない。

たしかに独り言や寝言が迷惑条例に抵触することはない。思えば、私も二二歳までは福岡人だった。当時の私もこんな口ぶりだったと記憶する。やがて東京へ出て、東京人が相手の話を落ち着いた様子でしっかり聞くことに驚き感動したものだった。

博多弁で言うと「東京の人は品のあるけん、うらやましかぁ」である。福岡のタクシー運転手はまた無差別に人懐っこい。空港から乗った私（福岡人とは限らない率は相当高い）に、

「打ちきらんやったもんねぇ、あそこで！」と言う。

「え？」と答えると、

「連敗やもん、優勝しきらんかもねぇ！」と。

〈ははぁ、プロ野球のソフトバンクホークスへの叱咤なのだな〉と理解した。客の私がホークスファンじゃないかもしれないのに、よく同意を求められるなぁと思ったが、そこはかつて福

岡人の私が彼の心理を理解した上で、現在は東京人の私が「そうですね、頑張って欲しいですね」と東京らしい品性で対応した（ホークスのファンじゃないのにだ）。

彼は私の気遣いの返答にも何ごともなかったかのように、その後無言で運転を続け、私を降ろした。やはり、独り言だったのだ。

## 故郷愛

福岡の街は変わった。

私が故郷を離れて四八年も経つのだから当然変わるだろう。人も変わるだろう。歩いている人も、会話してみても、都会的な装いだ。

東京で生活を始めたとき、故郷を断ち切ろうと思った。でもこの歳になると里心は逆に歓迎となる。かつて若かった自分に会える気がするのだ、たとえそれが残像でも。

親の墓参りがしたくなるように、里帰りがしたくなるとも言える。

故郷は親のようなものだ。

ただし、こちらの親は老けない。新陳代謝を繰り返していつも新しい。記憶の上では年老いていたはずの親が久しぶりに里帰りすると整形して若返っている（笑）。

この親は、子のことを愛してなんかいない。おかえり、とも言わない。そんな表の顔がないから裏もない。里心を断ち切ったときも「あ、そう」と言ったか言わなかったか。一方的な愛を受け入れてくれる有難い存在である。

さて、福岡はこれからどうなってゆくのだろう。

人口は増え続けているから都会化はもっと進むだろう。やがて東京みたいになるのは自明の理だ。年寄りの私にはかつての福岡がかけらもなくなってゆくのが淋しいが、もうひとつの本音は、〝どうでもいい〟。なるようにしかならない。どうせ期待は裏切られる。ただ、未来のことは年寄りは出しゃばらず若者に任せた方がいい、ということだ。

思えば、我々世代が若者だった頃の年寄りたちへの反撥、古めかしい考え方は眼の上の瘤だった。立場が変わった今だから、嫌な年寄りに思われないよう無口になろう。

人が一生かけて形にした価値観も、悲しいかな時代が変われば無用になってしまう。

絶対なんてないものなのか？　確かにこの世は相対的なものばかり。

ではなぜ絶対という言葉があるのだろう。「絶対こうだ！」と言う人は嫌われるが、絶対という概念は好まれる。ないものねだりか？　神しか持てないものだと崇めているからか？　絶対には永遠が感じられるから？　愛に絶対がないから？

いやいや、絶対に永遠の愛は有る――我が子へ、ペットへ、の愛だ。

# じじい最前線

## 諦めは大切

コロナ禍の日々は続く。消毒、マスクも三度の食事のように慣れてきた。でも日々変化し慣れないのは〝老ける〟こと。年寄りになったと自覚してからずいぶん経った。

初めは老化に抵抗していたが、そんな力さえ使うのがもったいないので最近はおとなしくしている。自分のなかに住む老化担当の者に任せるように従うようにしている。

すると余計な力がなくなったのか、以前よりなんだか楽になった。簡単に言うと〝諦めた〟だ。

もとより末っ子で育った私は兄たちとの問題解決を〝諦めた〟でやってきたから、この負け犬感漂う気分に対してはうつむく結果にならなくて済む。むしろ私の諦めのお陰で、静かな海のような平和を維持できていたのだ、と自負している。

NHKの番組の「チコちゃんに叱られる！」なら「ボーっと生きてんじゃねーよ！」と怒鳴《どな》

られるはずだ。諦めを決めたとき、人はきっとボーっとしている。ボーっとしなければ諦められないとも言える。ボーっとしているとチコちゃんの指摘通り世間から外れた気分になる。当然、世間のためにはならないだろうが、身近な狭い人間関係においてはひとまず休戦状態になるからボーっは便利だ。

東洋の武術精神に〝負けて勝つ〟がある。ブルース・リーの先生の訓でもある——ああ、ここまでくると言い過ぎのようだから話を戻そう。

〝老化〟は昨日より今日、今日より明日と着実に進んでゆく。なかなか慣れ親しめないものだ。だからなのか、昨日と今日では友人は別人のようだったりする。同い年でも老け方がそれぞれなのだ。

古くからの友人は年老いてからが大切な存在。一緒に仲よく共感覚をわかちながらお茶を飲みたい。だから、老化を体系化して、共通言語を楽しむようなことができれば最高だ。老人は重力に負けて身体が下を向く。頬や肩は顕著だ。

その様子を初爺、中爺、上爺と老化具合を三段階に分ける。せっかくだから、横文字にして1G、2G、3Gでもいい。重力との戦いなのだから〝G〟での表示はスマートとさえ思えてくる。

「オレ、今日は昨日より天国への階段を二段くらい上がった気がするよ」と言う友の声に「そうか、じゃあ、おまえは3Gだな」と応える私。想像しただけで楽しいではないか。

もちろん、1〜3Gはプレゼンの段階の数字。1〜10Gに分けて楽しむほうが、面倒臭いがやり甲斐《がい》はある。ただ細かく分け過ぎると意見対立が生まれて友情が破綻するかもしれないが、その時は〝諦め〟てボーっとすれば戦いにはならない。

## 遠い国のマナー

良識人として必携の「マナー」という語、私にはどうも馴染《なじ》みがありません。この語に初めて会ったときを覚えてはいませんが、何しろカタカナですから、異国のそれもかなり遠い国からやってきたと想像したはずです。

私が生まれたのは終戦からたった三年が経《た》っただけの日本。今日《こんにち》のように欧米文化は息づいておらず、見渡せば敗戦国らしい貧しく粗とした姿でした。マナーなんてあったものではありません。


もの心ついた頃、住まいのすぐ近くにはアメリカ軍の基地があった。クリスマスには、武器に溢れ物々しいその地が、それはそれは華美な飾りに彩られ、甘美な世界へと大変身した。

今でも私の脳裏で輝き続ける、この世のものとは思えないあの原色の群れと、それらの間を妖しくくねりながら漂う外国語の歌曲……。見るもの聴くもの全てが異国だった。

カルチャー・ショックを受けないはずがない。是非もなく私はアメリカに憧れを抱いた。でも、日本人はどこまでも日本人、真似事だとしてもアメリカ人のようにはできない。二〇歳を過ぎた頃、私は歌を作って発表することになった。アメリカンポップスの影響で、歌詞のなかに一部カタカナやアルファベットを使った。制作後もしばらくは自己満足できていたのは、英語がリズムとメロディに乗りやすく、はまったからだ。

でもさらに年を経ていくと、その箇所がなんだかあざとく感じられるようになり、聴きたくなくなってしまった。

思えば、詞作中に外国語が自然と浮かんだ訳ではなく、音の響きを楽しむという理由で無理矢理英語にしただけ。犬の散歩中の私が、近所の日本人になぜか「ハロー」と声をかけるようなものだった。最近ではできるだけ一〇〇%日本語で曲作りができるよう励んでいる。

マナーという語は外国語だが、今では日本語のように使われている。もちろん私も日常会話で自然に口にする。ただ、おかしなことを言うようだけれど、口にした途端、私は日本人でなくなった気になり、マナーという語のもつ意義や重さを感じなくなってしまうのだ。

それは終戦直後に生まれた世代のせいなのか、それとも、字幕なしの外国映画を観るようだったあの妖しい光と音のクリスマスのせいなのだろうか。

## あっと言う間

暑いと言って日陰をさがしてたのに、もう冬になって正月も過ぎた。明治生まれを馬鹿にしていた私たち世代も昭和生まれだと若者から忌み嫌われるようになった。

時の経過はあっと言う間、と書こうとして、月並みじゃない喩えは他にないかと考えたが思いつかない。あっと言う間とは誰が初めて言ったのか知らないが、素晴らしい喩えだ。あっ、と言っている間にそこに始まりと終わりが在るのだから、それはそれは速い。F1グランプリの会場の直線路の最前列で、自動車の通過を観たときくらい速いはずだ。「あっ」は○・五秒くらいだから目撃さえ不可能。記憶にさえ留められない。だからなのか、そういえばヒトは過去の出来事を次々に忘れてゆく。納得。

同じような喩えに、「夢のように」がある。「あっ」と速度を比べたら時間の使いすぎで話にならない。でも夢だから曖昧ですぐ忘れるほど記憶に残らないという意味では、あっと言う間の仲間にしてあげてもいい。だがやはり、夢のように、にはヒトが思考を巡らせている様子が見えて、あっと言う間から受ける切れ味はない。

ただ対抗馬は居る——「瞬《また》く間」だ。これには目撃しようとする意志があったことは伝わってくる。でも瞬いたせいで見逃したのだ。この時の経過を眼で確認しようと構えていた「瞬く間」に対して、「あっと言う間」にはあっと言う直前での構えはない。

そもそも時の経過についてはある時点からずーっと興味なかったのにおそらく突然、鼠《ねずみ》が眼前を横切ったかのように時間が走って過ぎたのではなかろうか。じゃないと、あっ、とは言わない。不意をつかれたときに出るのが、あっ、である。つまり、時の経過の概念すらなく、ボーっと月日を過ごしてきた者こそが堂々と言える、あっと言う間、なのだ。

また、「気づかないうちに」とか、「いつの間に」等には時の経過を観察してましたよ、といった冷静さが漂っていて、あまり時の経過に驚いていない様が見え隠れする。どこか自意識過剰で気取ったノリが好ましくない。

とにかくヒト感覚の表現としては、あっと言う間より短い時間はないようだ。「痛っ！」が同タイムだが、時の経過の喩えにはそぐわない。じゃあほかのひと言では？

〝いっ、うっ、えっ、おっ、かっ、きっ、くっ……んっ、〟と試してもピンとこない。強いて言うと「へっ」だろうか。「へっ」には、「あっ」にある発声者の抱くボンヤリからの覚醒感が似ている。

でも、「あっ」にある時の経過への驚き、特に従い湧く反省の心や時間への敬意がない。

月並みでも、「あっ」は光陰を矢に喩えるより実感的に速いと思うのでした。

# 年とったぁ

若い頃は考えずとも明日があり、明日に居た。寝て、食事をするだけでやるべきことの前に気づけば立っていた。きっと世間が狭かったからだろう。迷うほどの知識も情報もなかった。

今は経験が邪魔をして新鮮な気分で曲作りができない。ステージでもそうなのだ。一曲目から最後の曲まで構成を練るが、すんなり決まらない。いくつかパターンを考え、消去法で残ったものでOKだと言い聞かせても、残ったものが輝いて見えない。きっと己の能力のキャパシティに空きがなくなったのだろう。

以前、ゴルファーの藤田寛之《ふじたひろゆき》さんが試合を前に「もう自分に期待することもないから、気楽にプレイできる」と仰っていた。彼は五〇歳。それでも結果は四位と好調だった。私も〝自分に期待しない〟で過ごしていたから、彼の一言に親しみを感じた。でも彼はスポーツ。私のようにステージでいざというとき「アハハ」と目先をごまかせば済む世界じゃないから、親しみは覚えても同感しては失礼だ。

自分に期待しないとたしかに楽になる。すると、鏡を見るように他人にも期待しない方がよいように思えてくる。能力を失った自分に親しくしてくれる知人に感謝することも大切だとわかる。私が社会的弱者になったから防御本能が働き始めたのだろうが、うん、うまいバランス感覚と言える。神様は小出しにしながら、私を絶望感から遠ざける術を知っているようだ。

そういう訳で新しいことが出来なくなった私のステージは自然と年寄り仕様、懐古的になってきた。先日のステージで「半分は座ってやります」と言うと拍手が起きた。私より客席の方が既に私に期待してなかったんだ、と恥ずかしかった。でも、寝ながらでいいから歌えと言われているようにもとれて嬉しかった。

このところ、場をいただいて作詞講座を開いているが、バーナード・ショーの言葉で「できる者は実行する。できない者が教える」がちと痛い。

## 東京の福岡人

福岡から東京へ出て五〇年が過ぎた。今では福岡も大きな街になった。だからなのか私が住んでた頃とは違って若者には品格がある。売店に順番待ちする列の後尾にちゃんとつくから文化人だ。かつての私たち若者は野蛮人だった。どうやれば割り込めるのか、そして割り込めたら意気揚々だった。「火の鳥」の我王《がおう》か若き頃の宮本武蔵くらいアウトローだったのだ。

初めて住む東京は驚くことだらけだった。地下鉄、頭上を車が走行する高速道路、思いやりを感じる言葉遣い、美しい女たち、その女たちに見える矜持《きょうじ》とも言いたくなる強さ、エスカレーターの左側に自らを寄せて乗り、エレベーターでは、乗ってくる人のために「開」ボタンを押し続け、自分が降りる階では、降りながら「閉」ボタンをタッチしてゆく気遣い（特にこの「閉」への気遣いに田舎者の私は感動し、今でもやっている。やる度に文化人になれた気がするからだ）。

極めては、ランチ時にはどんなに混んでいても、涼しい顔で長蛇の列の順番を受け入れる姿だった。私にも通りすがりの気遣いくらいならできそうだったが、食欲を満たすべき行動は本能に基づくもの、待ってられるはずがない。私は空いている店に行くのだった。これは福岡人にありがちな短気のせいばかりではない。

〝衣食足りて礼節を知る〟という範がある。逆に〝人はパンのみに生きるに非《あら》ず〟ともいう。後者は高潔で美しさすら覚えるが、私には前者の言い分が説得力を持つ。マリー・アントワネットのギロチン刑を思い浮かべるからだ。詳しくは知らないが、パンがなかったから革命になったのなら、パンはとても大事。

さておき、東京人がランチ時に作る列には、どこか品格がある。携帯で待ち時間潰しができているからではない。携帯が登場する前から涼しく穏やかにそれができていた。なぜだろう。ガッついてない、といえば一言で終わるが、〝人はパンのみに生きるに非ず〟だったり、〝武士は食わねど高楊枝〟だったりがどこか漂っている。

福岡にいたときの私にはなかったこの高い精神性は、真に東京へ来て学んだものだ。でも未だに五人以上の列につく気にはなれない。衣食か何かが足りてなくて、私は礼節を未だに実体化できないのかもしれない。あるいは本質的なところで、東京人になれていないのかもしれない。

地方出身者の多い東京では、是非なく最大公約数的に〝東京人〟になる必要がある。生まれ変わった者こそが、涼しい顔でランチ列に居られるのだ。

私の東京生活は長いがとても狭かった。言わば都会の密室。東京人に生まれ変わっていないのだ。あの涼しく穏やかな表情に憧れる。

# ひねくれの楽しみ

タクシーに乗るとよく見る目の前のビニール簾《すだれ》。透明の壁のように運転席と客席を隔てている。有難いですね、コロナ感染防止策が眼前に確かめられるのは。

でも困ることもある……「〇〇町△△丁目××番地へ行ってください」とお願いすると、ナビに入力した運転手さんが言う、「これで間違いないですね」と。確認しようにもビニール簾は乱反射の極み。よれよれでナビの文字なんか読めるはずがない。文字どころか正面に見える信号だって滲《にじ》んでいる。

運転手さんの顔は歪んでゾンビのようだ。そのおぞましい顔で、私の確かな返事を得るまで「これでいいですね！」と畳みかけるから、私は「はい、そこへ行ってください」と人間関係の崩壊を防いだ。お互いコロナを防いでいたはずだったのに。

ラーメン店に行った。ここはまだ著名ではないが、地元周辺では人気だ。ラーメンの味は最高でつい注文したくなるのだが、腹ぐるぐるになるのを避けるため、胃腸に届けるのはチャンポンだ。

厨房の若い見習い風お兄さんの、テーブルに丼を運んできてくれる様子が好ましい。ありがちな威勢よすぎる感なく、でも不健康感なく、「ごゆっくりどうぞ」の決まり文句なのにチャンポンの湯気は気持ちよさそうに立ち上る。

ご主人はキャップを被りカウンター内で下向きに黙々と調理しているから顔はよくわからないが、きっとよい人だ。そう思わないとチャンポンが美味《うま》くなくなる。いやいや、仮に嫌味なおやじでもここのチャンポンは美味《おい》しいのだ。

でも困ることもある……BGMがジャズなのだ。これは全く私の個人的感想なので意見の分かれるところだろうが、ラーメン店にジャズは似合わない。私の職業柄、音楽を理性なしに聴くことはできない。これは不幸です。

さておき、音楽が作品然としている以上、分類があり、それぞれに背景がある。水や風の自然音ではないから、土地柄や人柄、今や昔の時代性などを作品は内包している。だからテレビドラマ、テレビ広告にも不和感を覚えることが多い。外国語の曲の場合、歌詞のコンセプトとはかけ離れた広告内容だったりする。今なら楽曲ハラスメントになりかねない（笑）。BGMをBGMで済ませられない人は私の他にもいるのでは？　そんな皆さんと車座になり、それぞれ体験を聞いてもらい傷を埋め合いたいものだ。

ラーメンやチャンポンに合う音楽は何かわからないが、袴《はかま》の上にジャケット、ネクタイのような不和感を覚えることだけは確かだ。「いいと思えば全てそれでよし」の心境を得られない私。未熟者なのだろう。このひねくれは生きている証であり不幸でもある。

# 悪意って

人間てヤツはほんとうに悪意に満ちているなと思う。

陸上世界大会への代表を決める競技をテレビ中継で観てたら、女子三〇〇〇メートル障害が眼にとまった。

トラックを一周する間に五個の障害物がある。四個目の水濠《すいごう》は、障害物を跳び越え降りたところに水溜りが待っている。避けては通れないから、全員が水溜りにジャブンと落ちて足をとられる。フフフ。

障害物競走という競技は、私が小学生のときの運動会には既に存在した。私はこの競技に出るのが楽しみだった。中学生になっても高校生になっても好きだった。よほどサバイバルが好きだったのだろう。

だから、この国内一流の選手たちが大きなハードルを越え、水濠に足をとられそうになる瞬間は楽しめる。心の中で「転ぶと面白いのになぁ」と期待するのだが、アクシデントなく順位が決まると、「あぁ、つまらない」となる。

四個目の障害物に水濠が用意されているのは試行の末の決定だろう。ゴール前の五個目では、ジャブンで足をとられた選手は、その隙に追い抜かれそのまま負けてしまう。ただ水のせいで、だ。

だったら水泳競技と同じじゃないか、水に強い者だけが勝ってしまうという陸上競技らしくない結果を招くことになる……これはよくない――と競技企画者は考え、仮に水濠が原因で追い抜かれても、その先に五個目の障害物を作っておけば、陸上走のみに頼った力でギリギリ逆転もできるぞ……これはよい――と判断したのだろう。

陸上に水を持ち込んだ非合理性をゴールというラスト・シーンで合理化！　陸上の面目守って見事なサバイバル。水責めの印象も軽減。まるで小学校の運動会のパン喰い競走のように楽しめる競技をオリンピックにも採用されるに至らしめた彼は優秀なエンターテイナーだ。

強い者が苦労している姿を目撃して楽しむのは、障害物レースだけではない。ゴルフでは池の中のボールを打つ姿、テニスでは転倒する姿、等々。私たちはスムーズにことが運ぶように願っているはずなのに、同時に他人のサバイバルを観て積極的にストレス解消をしている。

有名人のスキャンダルも私たちには有効な癒やしになっている。でも自分より弱い者にはそうでもない。心のどこかに慈しみが生まれるのか、助けたくなったりする。強い者がくじけるのを待ち、弱い者がさらに弱くなるのを防ぎたくなるのは誰が教えたものでもない。人間が生来もつバランス感覚なのだろうか。悪意ってどこかよいヤツやん。

# 配信っていいな

自宅のテレビでソファで好きな時間に観たい作品を選び出して途中で止めてトイレに行って夜更けまで。面白くなくなったら作品変えて眠たくなったらこの映画またいつか観ようと停止ボタン。

この前まではＴＳＵＴＡＹＡへ行き私自身が動きながら並んだ背表紙に眼を凝らして作品選びをしていたことを思えば、指先ひとつでテレビ画面に「どうですか？　いかがですか？　お気に入りは？」と言わんばかりに作品群が登場する昨今の映像作品鑑賞環境は素晴らしい。

そういった配信だからあらゆる作品が網羅されていると思いきや、そうでもない。仕方ないからＴＳＵＴＡＹＡへ行く。

「カード有効期限が切れてます」

そうだよな、毎日のようにお邪魔していたＴＳＵＴＡＹＡさんにもこのところご無沙汰だったから。

即再発行！――ＤＶＤが並んでる並んでる。老眼鏡を使ったり外したりしながら右往左往――面倒臭いが懐かしいこの感覚。昔日《せきじつ》の世界に居る自分がなんだか自分らしい気になる。年寄りの証明をしているともいえる。

ところでコロナ禍もあって出掛けることが減り、宅配を受けることに便利を感じ始めると、靴を履《は》くことさえおっくうになる。そもそものぐさな私にはこんな時代はよくない。だから、観たい映画のためにＤＶＤ屋さんに向かおうとするのは運動不足解消に必要なのだ、有難や、有難や。

実は、月額料金を払っているのだからもっとサービスを向上させ、世界中の映画を自宅で観られるようにしろよ、と言いたかったのだが、これからの世の中、宅配もＡＩ任せになるらしい。これ以上便利になると、運動好きの人間の他は人類皆ヴァイオリンを弾いて歌っているだけのキリギリス状態、小原庄助状態、物くさ太郎状態になってしまうだろう。

結果、人類の滅亡は運動不足によるものとなる。なかなかの結末。核戦争や食糧難よりもコメディ性が濃いところがイイ感じ。

映画の平均の作品時間は一時間三〇分くらいだ。配信されるドラマはご存じのように四五分くらいの長さで一話。それが一〇～三〇話以上あったりするから、全話観終わるのに数日かかる。途中で観るのを止めた作品が、宙ぶらりんになったままテレビの向こう側で待っている。

一度止めたものを改めて観る気になれない。なぜだろう。新作が顔を出すからということが一番の理由だが、尺が長いのもひき返せないところ。そしてつまみ食いでもいいんだとどこかで思っているのかも。

食べ残しはよくない、自ら動いて事を為《な》せ、夜更かしはするな等々、親から言われて育ったが、時代が変われば色んなことが大きく変わる。神様、映画の飽食をお赦《ゆる》しください。

## オリジナルはそのままで

いつの時代も世界のどこかで人と人が戦っている。

ありがたいことに私が生まれてからは、日本は戦争から遠ざかっている。

トラ・トラ・トラとは一九四一年の日本軍による真珠湾攻撃に際しての電信暗号だ。そして太平洋戦争に本格的に入ってゆくことになる。トラ・トラ・トラにした訳は、〝ト〟が突入のト、〝ラ〟は雷撃のラ、だったそうだ。あれから八一年が経った。

ところで子供の頃の私（六〇年程前として）にとっては、戦争の話をいくら見聞きしても、それは日本昔話のように遠かった。たった二一年しか経っていないのに、だ。でもなぜか今はまるで最近の出来事のように迫ってくる。八一年も経ったのに、だ。

つまり、子供にとって過去というものは別次元のように実感のないものだったのに、やがて年齢を重ねてこの世の情報を取り込むと、知らないはずの過去が身近に感じられるようになるということなのか。

そういえば、この正月に先祖の写る古いアルバムを開いたとき、劣化で黄ばんだ写真のなかの彼らが以前より生き生きと感じられた。彼らの生き様が理解できるくらい充分私が生きたからなのか、もうこの世にいない彼らに私の方が近づこうとしているのか、ともあれ子供の頃に感じた妙な怖さは全くなくなっていた。

住んだ家の前での先祖のフッツーの集合記念写真なのに、私はずーっと長い間、そこへ招かれたくないと怖気《おじけ》づいていた。おかしなことを言うが、彼らは静止したままこの写真の中で生きているようだった。

でも救いは写真と私との時間的距離だった。その人々の前まで辿《たど》り着くにはどんな速い乗り物でもかなりの時間を要すると考えると少し安心したものだった。

そんな古い写真との遠距離がなぜか今は近距離になり、現実感を伴って親しみと愛おしみを覚えている。この変化は興味深い。ひょっとすると、先祖の写真の列のなかに、私は既に被写体のひとりとして写っているのかも(笑)。スティーヴン・キング原作の「シャイニング」というホラー映画には、生前の人々が写っている古い写真のなかに、なぜか主人公も写り入っているというラスト・シーンがあった。

白黒映画を現代の高い技術でカラーに直した作品を時々見かける。カラーになった途端、別の作品のようになると感じるのは私だけだろうか。遠い過去が現代へ無理矢理迎合するかのように、それなりに収まっていた魂も連れられて生まれ変わったように、見えてしまう。

私が白黒映像自身だったら、なんだか照れ臭い。ゾンビだって墓から這い上がるとき、化粧はされたくないだろう。

# おわりに

ピザを食べ始めるときに悩むことがある。

切り目が入れられていない場合は丸ごと食べるしかないから、円の外側から齧《かじ》るしかない。

だが、細切りにされている場合は一ピースを手に、尖った中心側からか、それともぶ厚い外側からかを迷うのだ。口にする順番は薄味を先にというから外側が先かな？　いや、チーズの部位を温かいうちに口に入れなきゃ？

いや、焼いた餅だってカリッとした外側から食べ始めると、美味しく感じるじゃない！

いや、尖った方が口に入れやすいし、持ちやすい！

いや、まず生地そのものを純に味わってこそ、そのピザの質が評されるのだよ！

——まぁ、好きなように食べればいいので、私の場合はなんて聞きたくもないでしょうが、現時点では中心から食べています。
①数秒の差でもチーズが温かいうちに、がいい。

②生地が厚いところを先に食べると満腹感が早めにきてピザを残すことになると勿体ない。例え残しても外側なら具がないので損した気がしない。
③外側は固くて嚙みづらい――などが理由だ。
どちらを先に、あるいは選択すべきという問題はピザ以外にも生きていく上で毎日のように待っている。選択するとき、多数からの場合ストレスは少ない。どうせ当たらない、運だけの結果だと予め諦めがある。

でも五〇％の確率になると、他人ごとではいられない。

失敗時の後悔の大きさがどこかハンパない気がする。選者の判断能力が真に問われている気になるのだ。〝あちらとこちら〟のどちらが正しかったのかは「人間万事塞翁《さいおう》が馬」に教えられるように絶対的な正解はない。だから失敗と言われても、少なくとも自ら責めることはない。私が高校生の頃までは、運動中の摂水は禁止だった。今は飲まないと怒られる。この世のあらゆるものは常に変化してゆく。己もその一部なのだ。丁と出ても半と出ても、どうやらニッコリ笑っているのがよさそうだ。

歌うこととは違う楽しさの機会をくださった西日本新聞社、読売新聞社、そしてお付き合いいただいた読者の皆様、ほんとうに有難うございました。

初出：読売新聞・夕刊の月一回担当「たしなみ」欄（二〇二一年四月二一日〜二〇二三年一月一一日）と、西日本新聞の連載エッセイ「あちらとこちら」（二〇一九年一〇月二一日〜二〇二〇年一月一〇日）を収録しました。
単行本化にあたり、加筆修正しました。

以下のエッセイは書き下ろしです。
「ハナミズキ」「ギタリスト安部君の思い出」「悪役のせいで地球の危機になるのは困るけど、あのスーパーマンだって楽したいのではなかろうか？　そもそもの話、悪役だってトラウマが作り出したのだ」

装画・扉絵　高橋将貴
装幀　鳴田小夜子
挿絵　ざいつけいこ

財津和夫
1948年生まれ。福岡県出身。71年チューリップ結成。72年「魔法の黄色い靴」でデビュー。「心の旅」「青春の影」「虹とスニーカーの頃」などのヒット曲を発表。チューリップの活動と並行し、78年よりソロ活動をスタート。「WAKE UP」「サボテンの花〈“ひとつ屋根の下”より〉」などヒット作を発表。また音楽作家として「切手のないおくりもの」の作詞・作曲、松田聖子、沢田知可子など多くのアーティストに楽曲提供している。現在、チューリップ50周年記念ツアーを行いながら、エッセイの執筆、楽曲提供、講演会、大学教授、福岡・名古屋における作詞講座の開催など、幅広く活躍している。

じじぃは蜜《みつ》の味《あじ》

2023年6月25日　初版発行

著　者　財津《ざいつ》 和夫《かずお》
発行者　安部 順一
発行所　中央公論新社
〒100-8152　東京都千代田区大手町1-7-1
電話　販売 03-5299-1730　編集 03-5299-1740
URL https://www.chuko.co.jp/

DTP　嵐下英治
印　刷　大日本印刷
製　本　小泉製本


Published by CHUOKORON-SHINSHA, INC.
Printed in Japan　ISBN978-4-12-005662-8 C0095